# 優しい思い出は未来を照らす

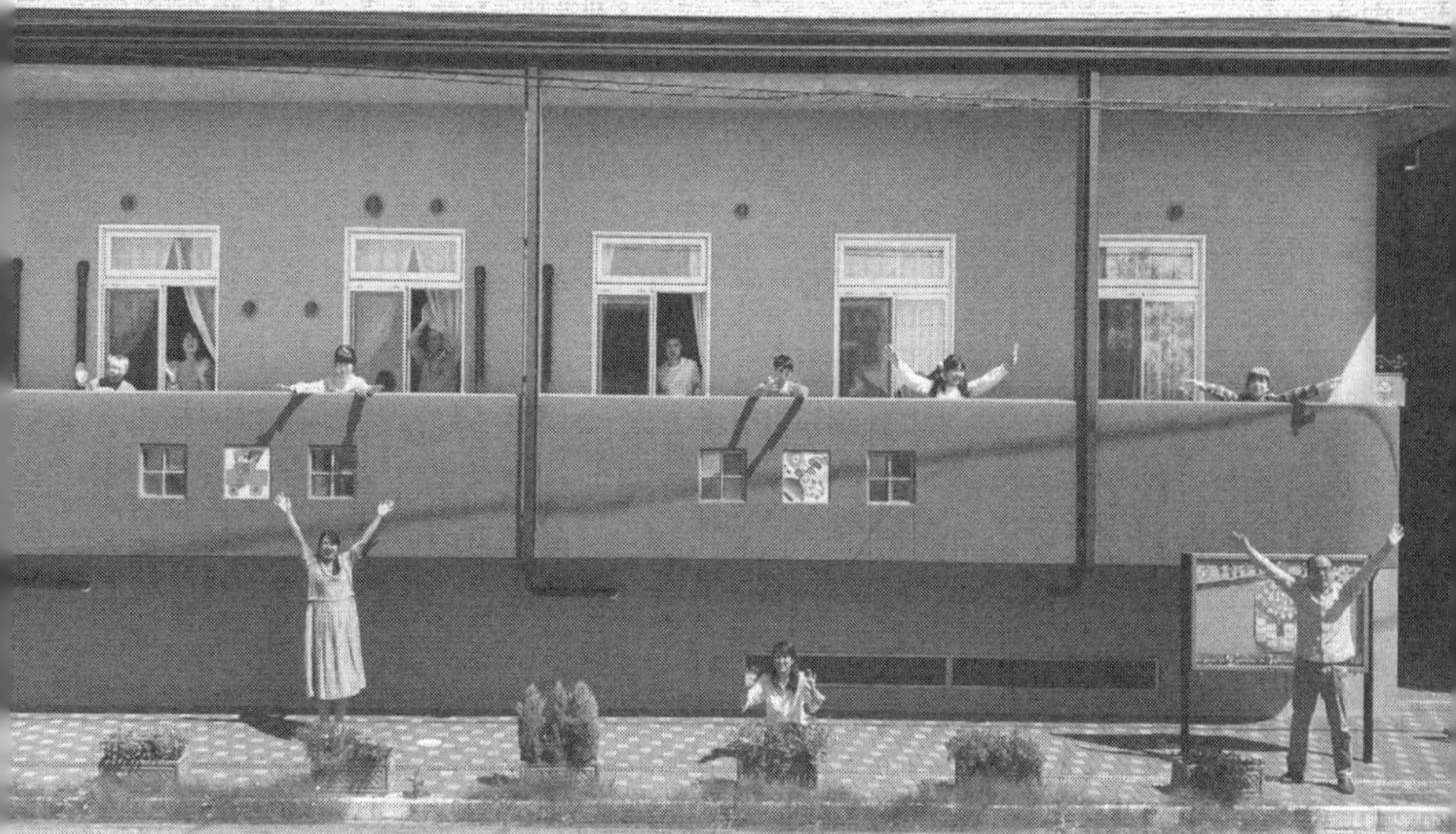

福井　生《いくる》／福井達雨《たつう》［共著］

いのちのことば社

# 序にかえて――止揚学園と父・福井達雨のこと

父は、現在私が園長を務めている知能に障がいのある仲間たちの家、止揚学園の創立者です。二〇二二年九月六日、九十歳で神さまのもとに召されていきました。

止揚学園は今から六十年前に創立され、滋賀県の近江八幡でその歩みを開始しました。廃寺を提供していただき、知能に障がいのある四人の子どもたちとの出発でした。近江八幡で四年を過ごした後、現在の地、東近江市（旧・能登川町）に移転してきました。私は、移転してきたその年、一九六六年に生まれました。

父は今、止揚学園の小高い丘に建つ納骨堂で私たちのことを見守ってくれています。その納骨堂の壁面に「見えないものは、永遠に続くのである」と、父の筆で聖書の御言《みことば》が書かれています。納骨堂を建てた若かりし日の父がこの丘に立ち、これから知能に障がいのある仲間たちと「共に」歩んでいこう、信仰をバックボーンにして歩んでいこうと、その決意と情熱を胸に刻んだ情景が目に浮かんできます。

私たちは、止揚学園にいる人たちのことを「仲間たち」と呼んでいます。それは、前述した近江八幡時代に入園してきた人たちと、東近江市に移ってから入園してきた人たちが、今日に至るまで職員の私たちと一緒に歳を重ね過ごして、いつのまにか、利用者としてでも生活支援員としてでもなく、人生を共に歩む仲間同士という関係性が芽生えたからです。止揚学園は法的には「障害者支援施設」と呼ばれていますが、ここにいる私たちにとっては、神さまのもとに召されるまでの共に歩む皆の「家」です。

私自身も止揚学園で仲間たちとともに成長しました。父は止揚学園のリーダーとして激務をこなしていました。私が子どものころの父は厳しさを全身に醸し出し、たとえ親子の間柄であっても気軽に話せる相手ではありませんでした。

父はよくこんな言葉を語っていました。

「私たちはこの子たちに謝らなあかんのや」

これに対して、幼かった私は、いつも一緒に遊んでいる止揚学園の子たちにどうして謝らなければならないのかと、何か屈辱的な思いをもっていました。幼稚園に通っていたころ、止揚学園の仲間たちは私よりも何歳か年上の人ばかりで、生活面での知識や体力面で、兄や姉のような存在だったからでしょう。知能に障がいがあるとかないとかという以前に、私たちは対等な関係を築いていたのです。もちろん現在の私には、父の言わんとしたことを一つの視点としてとらえる柔軟性が備わっています。

今日、インクルーシブ教育、インクルーシブ社会という言葉をよく聞くようになりましたが、父の時代はそうではありませんでした。障がいのある仲間たちに対する社会の厳しい視線、その根底に差別が厳然と存在しました。

現役で活動していたころ。止揚学園に一番初めに入園した故 田代さんと一緒に

父は社会の厳しい視線が向けられれば向けられるほど、苦しく悲しい思いをしているのは自分ではなく、知能に障がいのある仲間たちであると、自らを奮い立たせ、社会に向かって発言し、決して諦めることがありませんでした。父の醸し出していた厳しさはこの諦めない姿勢であると、私は成長過程で理解するようになりました。父のこの姿勢は、止揚学園での第一線の働きを終えるまで変わりませんでした。

私は、人はどうしてこんなにもしんどい生き方をするのかという思いをもつとともに、父親としての福井達雨から、人間としての福井達雨へと視点が変わっていきました。

父は発言するだけにとどまらず、行動する人でもありました。私が子どものころから学生に至るまでのことを思い出すままに止揚学園の行動の歴史を振り返ってみますと——

・一九六九年、東近江市に移った三年後、地域の小学校、中学校への就学が認められ、今でいうインクルーシブ教育（障がいのある子どもと、障がいのない子どもが共に学ぶ教育）の一歩が始まりました。

・一九七四年、町に一戸建て住宅を購入し、知能に障がいのある仲間たちが地域社会で生活できるように、四人の子どもたちと職員の家族が共同生活を始め、その家を「止揚の家」と名づけました。「止揚の家」は現在のグループホームの先駆けとなりました。

・一九七〇年代末、養護学校設置義務化の実施。この義務化によって、重度、重複の障がいのあるすべての子どもたちが義務教育を受けられるようになりました。けれども、普通学校と呼ばれるところで過ごしたいと希望する障がいのある子どもたちが排除され、障がいのない子どもたちも共に学ぶ場が失われるおそれがあるのではないかと、止揚学園はこれに反対しました。職員と支援者の方々とで二十日をかけて、「子どもの笑顔を消さないで」と声を大きくし、徒歩で当時の文部省まで東海道五五〇キロの平和行進を行いました。

・一九八一年、仲間たちの初めてのシンガポール旅行では、多くの支援が必要な障がいのある人の、日本の飛行機（国際便）への集団搭乗の夢が、三年越しの交渉の末、実現しました。そこには、たくさんの方々の理解と援助がありました。

・一九八六年、「知能に障がいがあるために、言葉で信仰告白ができなくても洗礼を受けさせてほしい」という願いがかない、止揚学園の仲間たち全員が、日本基督教団能登川教会で、当時、同志社大学神学部教授だった故遠藤彰牧師によって洗礼を授けていただきました。

ここに列挙しただけでも、福井達雨という人がリーダーとして歩んできた日々は波乱万丈のものであったことがわかります。そして、これらの日々の父と、障がいのある仲間たち、そして父を支えてくださった多くの方々は、当時の私の目にはキラキラと輝いて映っていました。私は今あらためてこう思います。人間は与えられた人生の中で、自分のことでなく、他者のことを大切にする、その時に輝きを増すのだ、と。

一九八九年、入園している仲間たち全員が十八歳を超えたため、止揚学園は児童施設から成人施設となりました。私は東京の出版社に就職し、四年後に、止揚学園に帰って来ました。

私の帰園に際して、父は私に帰って来てほしいとは一言も言いませんでした。前述のように、私は父としての福井達雨から、人間としての福井達雨へと視点が変わっていたこともあり、何も言わなかったことには、来るものは拒まずというところなのだろうと割り切って考えることにしました。しかし、このまま止揚学園が続いたとして、父もやがて老いていきます。はたして父は未来のことを考えているのだろうか、楽天家だから、なるようになると思っているのだろうかとも考えていました。

人生はいつか終わります。自分の亡きあとは、生きている人に任せるしかありません。それは、神さまにすべてお任せするということでもあるでしょう。そういう意味では、私があえて止揚学園に帰って来る必要もなかったわけです。私でなくてもだれかが、父と同じやり方でなくとも、止揚学園を続けていってくれるからです。

それでも、私が止揚学園に帰ることを最終的に決意したのは、知能に障がいのある仲間たちとの優しい思い出が私にあったからです。それと、仲間たちとの未来を共に歩んでいかなければならないという自らの責任から目を背けることができなかったからです。それがたとえひとりよがりの思い込みであったとしても。

止揚学園の小高い丘の上にある納骨堂に
納骨されました

父は召天の八年前に自ら決意し、止揚学園での第一線を退きました。そのあとは、文字どおりの信仰生活と言ってよいのでしょう、心穏やかに、神さまが与えてくださった残りの人生を過ごしました。それまでのあの厳しさがなくなり、性格も丸くなったようでした。

天に召されるその時まで父は自宅で過ごしました。夜、しんどいから明日は病院に行こうと夫婦で話し、その直後の召天でした。急性心筋梗塞でした。

はるか向こうに比良山系、手前に止揚学園の景色を見下ろす小高い丘に建つ納骨堂に父を納骨した日、知能に障がいのある仲間たちが、父との思い出を大きな声で語ってくれました。

「外国につれていってくれて、ありがとうございます」

「おんぶをしてくれてありがとうございます」

そのとき会場は温かい笑顔で包まれました。

死は悲しいものです。この悲しみを乗り越えることなどできません。けれども、私は仲間たちの優しい言葉に、笑顔になっている自分を見いだしました。そのとき、あらためて知能に障がいのある仲間たちのもつ力に気づきました。それは強い力ではなく、優しい力です。神さまに自らをゆだねたときに得られる力です。父が見、感じ、発見したのはまさにこの力だったのです。私は一つ、父という人間に近づくことができました。

父がどんな人だったのかと問われれば、しんどい生き方をした人と答えます。しんどい人生を、活き活きと笑顔で歩んだ人です。

父がよく語っていた言葉、「私たちはこの子たちに謝らなあかんのや」を覚えつつ、私は納骨堂を見上げ、「もうゆっくりしてください。神さまのもとにあっては神さまがすべてなのですから」と、父に語りかけています。

* * *

この本は、私の文章と、父の文章の二つで構成されています。私の文章は、止揚学園が発行している季刊誌『止揚』に二〇一六年から二〇二二年まで掲載したものに加筆と修正を施したものです。父の文章は、公益財団法人近江兄弟社 湖声社発行の月刊誌『湖畔の声』に、召天する直前まで綴っていたものです。転載を快く許可してくださった近江兄弟社の皆さん、特に編集長の藪秀実さんに心より御礼申し上げます。

また、お忙しいなか、解説を書いてくださった同志社大学教授の小原克博先生に深く感謝申し上げます。

二〇二三年二月

福井　生

# 目次

# Ⅰ　人を信じることの強さ

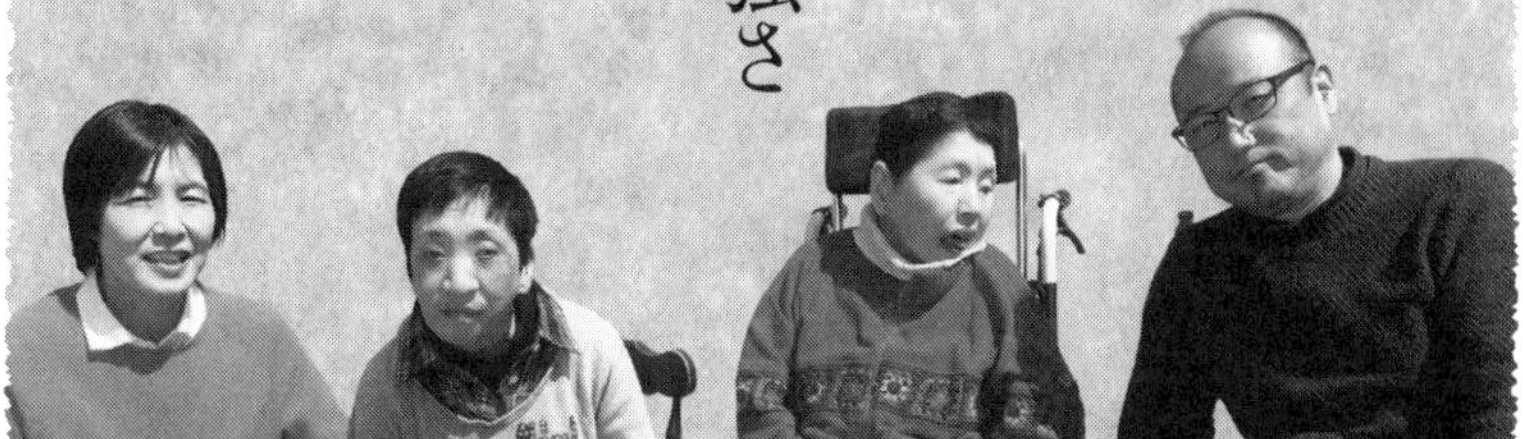

## 季刊誌『止揚』の新たな出発

父・福井達雨は止揚学園の第一線を退くときに、季刊誌『止揚』の廃刊も決めました。一〇〇か〇《ゼロ》の父にあって、知能に障がいのある仲間たちとの生活にどっぷりと浸かるのでないならば、『止揚』の文章を書き続けることができなかったのでしょう。

季刊誌『止揚』は、止揚学園が発行してきた冊子です。一九七二年に創刊され、これまでたくさんの方々に読んでいただき、止揚学園の日々の歩みを知り、心を合わせてきていただきました。『止揚』は私たちの大切な発信源です。そのために私たちはもう一度、「止揚」を新たな思いで発行することにしました。

新たな出発に際し、私にはどうしても向き合わなければならないことがありました。それはタイトルの「止揚」という用語のもつ意味です。「止揚」は哲学者ヘーゲルの哲学用語です。今日、日常生活の中で、この言葉を聞くことはほとんどありませんし、使うこともありません。父の若かったころは、今ほど社会になじみのない用語ではなかったのかもしれません。父はよく「止揚」とはどういう意味ですかと質問されると、次のように説明していました。

「止揚とは二つのものがぶつかり合って、新しいものが生まれるということです。障がいがあるとされる者と、障がいがないとされる者が、お互いを認め合い、共に歩む社会を作りましょう、との願いを込めています。」

私はこの説明を聞きつつ、心に一つのひっかかりを覚えていました。それは、「ぶつかり」という言葉に対してです。今日の社会はぶつかりをできるだけ避けようとします。他人を傷つけず、否定的なことを言わないよう気遣う社会は、父の説明によると、止揚なき社会ということになるからです。

私は五十年前の『止揚』創刊号をもう一度読み直してみました。そして父の文章に、当時の障がいのある子どもたちへのあからさまな差別の中で、社会に対して、ぶつかり、闘う姿勢を見ました。現在の社会の差別は、あからさまでなく、見えないけれども存在する差別です。情報は溢れるほどあって、私たちは、差別に対する知識を多くもつようになりました。けれども、その知識はあくまでも百科事典の中に分類され載せられているものです。差別は百科事典の中にあるのではなく、すべての人間の、私の心に根づいているもの

園内の記念式にて

です。差別に気づくのに最も適切な方法は、身体を動かし、社会の中で弱い立場に立たされている方々とともに過ごすことです。

ところが、現代社会はたくさんの知識を得ることは好んでも、人の心に分け入ることを嫌う傾向にあります。人間の感情や身体と隣り合うときには、確かに面倒なことが生じます。それでも、面倒なこと、面倒なところにこそ人間の生きる意味が隠されていて、いつもそれが見いだされることを待っているのです。知識や分析だけにとどまっていては、差別は表面には現れてくることはなく、存在し続ける差別が見えてこないのです。

今日、「一人ひとりの違いを認めていきましょう」「差別なき社会をめざしましょう」と言えば、ほとんどの人がそのことを肯定するでしょう。けれども、肯定するとは、「いいね」と言葉を返すだけではないはずです。大きな責任を伴うことです。

知能に障がいのある仲間たちとの「共に」の日々の中で、私たちは、言葉だけではどうしようもない現状に直面しています。支援という行動がなければ、仲間たちはひとりで生活していくことができないからです。それが私たちの仕事であるといえば、そうなのですが、支援や福祉をただ仕事として割り切ってしまうことはできません。新型コロナ感染の中にあってもそうですが、ただ仕事として割り切っていては、知能に障がいのある仲間たちの生命《いのち》を守ることはできません。福祉の現場では、言葉と行動は当たり前のこととしてあり、さらに、生命《いのち》を守らなければならない人間の責任も伴うのです。先の「一人ひとりの違いを認めていきましょう」「差別なき社会をめざしましょう」という言葉を肯定することは、人間の責任を背負うことと同じことです。

ぶつかりを避けるために肯定的であろうとすることは間違いではないでしょう。けれども、責任回避のための肯定は、差別を温存させ続けます。

止揚なき時代の止揚とは、自らの責任とのぶつかりという意味を込めて、私たちはタイトルを「止揚」とし、新たな出発の時としました。

# 仲間たちの笑顔

私は止揚学園で生まれ、知能に障がいのある仲間たちと一緒に生活し、成長してきました。その中で忘れられない光景がたくさんあります。

小学生のころ、皆と一緒に京都に出かけたときのことです。仲間の佐山さんが帰り路、てんかん発作を起こしました。付き添っていた職員が、そのままの状態だと身体をあちこちぶつけてしまうので、佐山さんを守ろうと抱きかかえ、道の真ん中、アスファルトの上を二人がゴロゴロ転げ回りました。とにかく、佐山さんの生命《いのち》を守ろうと必死だったのです。

「知恵遅れが発作おこしてるで」と、たくさんの大人や子どもたちが集まって来ました。当時はそのような心ない表現が使われていました。それらの人々の目には、（すべてではなくても）冷たいものがありました。その視線に、私は同じ止揚学園の人間であると思われることが恥ずかしく、バス停の陰に隠れてしまいました。自分は多数派に甘んじようと仲間を裏切ってしまったのだ、仲間たちを差別しているのは自分自身なのだという思いが、私の中にその後いつまでも残りました。

そうした私が今、止揚学園の仲間たちとともにいられるのは、あのとき大衆の視線の中で、生命《いのち》を必死に守ろうと転げ回った職員の真剣なまなざしが「逃げ出してはいけない」と、厳しく、また温かくずっと私を見つめてくれていたからだと思います。

止揚学園のにじいろ畑でたくさんの野菜が収穫されました

差別を生み出しているのは他人ではなく、自分であるという自覚のもと、止揚学園は、皆が笑顔でいられる社会、あらゆる生命《いのち》が尊重される社会を築いていこうと、六十年前、一歩踏み出しました。その間、障がい者に関わる法律は、時代の流れとともに変わってきました。しかしすべての人に優しい心があり、尊い生命《いのち》が与えられていること、それらをみんなで大切にすること、お互いを信頼し、いつか人と人はつながると、希望をもって歩み続けるうちにこそ、虐待や差別に関する法律の施行が生きてくるのではないかと信じています。

この歩みの源は、知能に障がいのある仲間たちの笑顔です。

仲間たちは、障がいのないとされる私たちを優しく見つめてくれます。ひとりで食事をすること、排尿便のこと、お風呂に入ることを思うようにすることが困難ではあります。言葉を話すことが難しい仲間たちです。それでも、そのニコニコと温かいまなざしに見つめられるとき、心に言葉が聞こえてきます。「みんなで一緒に歩いていこうよ」と。

その優しい響きに、あのとき多数派に甘んじようとした私も受け入れられていることを知ります。心と心をつなげてくれてありがとう、と希望の涙が溢れてきます。知能に障がいのある仲間たちの優しい心、生き方に包まれるたびに、障がいがあることは決して弱いことではないと教えられます。この仲間たちの心の言葉に耳を傾けることを諦めない社会であってほしいと願っています。一人ひとりの心の蓄積で社会ができているのなら、弱い立場に立たされているこの一人ひとりの心の言葉に共鳴するものであってほしいのです。

日本の未来はこれからどうなるかはわかりません。それでも今日を仲間たちの歩調に合わせ、希望をもって歩んでいくことはできます。仲間たちの笑顔があるかぎり、私たちは、すべての人々の笑顔があふれる社会の到来を信じ、たどたどしくても明るい光のほうへ進んで行こうと思います。この歩みこそが共に生きることと胸に刻みつつ。

## 生命《いのち》を尊ぶ社会を

生命《いのち》のことを思うとき、先年、障がいがある人たちは「不幸を作ることしかできない」という思い込みのもとに、たくさんの生命《いのち》が奪われた相模原での悲しい事件と向き合わされます。犠牲になった方々の悔しさ、そのご両親、ご家族、関係者の皆さまの心の痛みを思うと、今も言葉が出てきません。悔しさ、そして悲しみの淵にある皆さまのためにお祈りしています。

私は、差別とは人の生命《いのち》に対して無関心になることであると思っています。

先日、テレビに、アンネ・フランクが偶然に映っている映像が流されていました。オランダのアムステルダムで、アンネの家族が隠れ家に潜伏する直前の映像のようでした。これから結婚式を挙げに出かけるカップルを、アンネがアパートの上の窓から身をのり出して見ています。道行く人たちはカップルを祝福し、どの顔も笑顔に満ちていました。アンネも笑顔で、後ろにいるだれかと話しています。とても幸せな光景です。

私はその時代に生まれ、生活していたのではなく、当時のナチス政権下の暗い世相、アンネのその後の悲惨な結末を知っているからでしょう、その状況でのアンネの笑顔に何か特別なものを感じました。結婚式を挙げるカップルの笑顔、道行く人たちの笑顔、アンネの笑顔。その中で、私にはなぜかアンネの笑顔だけが灰色に見えたのです。この少女の笑顔が希望から来ているように見え、どうしようもなく悲しく感じました。そして、こんな思いをもちました。同じ時に同じ所にいても、そこに苦しみを抱えるアンネがいること、弱い立場にある生命《いのち》が存在していることに全く関心を示さないならば、それは差別につながらないか、と。そこに確かに生命《いのち》があることを知っているにもかかわらず、自らの生命《いのち》に不安を覚え、助けを求めて大きな声で叫んでいるにもかかわらず、それに対して無関心であるとすれば、それは差別になるのではないか、と。

アンネ・フランクの映像と相模原での事件が私の中でなぜか重なって離れません。アンネ・フランクと止揚学園の仲間たちが社会の中で弱い立場に立たされているということが、私の中で一つになっているからでしょうか。

この映像を見て、もう一つ感じたことがあります。社会での活躍という視点に立つと、当時のユダヤ人はドイツ社会に益をもたらす存在ではないと判断されたということです。

（もちろん、ナチス政権の意図がそこにあったわけですが。） 人々が望んでいる社会を実現するために役に立つことこそが、活躍であると認められたのです。現在の日本で日本人が求める社会のために活躍するようにと、止揚学園の仲間たちが求められたとしたら、いったいどうなるのだろうかと思わされました。もしもその基準で生命《いのち》を否定されるとすれば、それは本当に恐ろしいことです。

かつてアンネ・フランクに死をもたらした社会が存在しました。相模原での事件が、これから私たちにどのような影響を与えるのか、日本の社会がどのように変わっていくのか、未来のことはわかりません。けれども、それでも今日も仲間たちは笑顔のうちに、「心と心をつなげましょう」と、優しく話しかけてくれています。

止揚学園は小さなグループです。けれどもめざしていくべき社会がどのようなものであるかを知っています。それは、すべての生命《いのち》を尊いものとし、守っていこうとする社会です。そうした社会を実現するために仲間たちは私たちの心を一つにつなげてくれます。心を一つにつなげてくれる事実こそが、社会での実際的な活躍であると私は信じています。

ある夏のことです。止揚学園がある滋賀県東近江市の能登川はとても水がきれいだからでしょう、夜になると、蛍《ほたる》が美しい光を見せてくれます。みんなは涼しい風を受けながら

北海道のとうもろこし うれしいなあ

蛍の光を眺めることを楽しみにしています。川べりに腰掛けていると、いくつもの光が右に左にと飛び交います。水の流れる音の中、幻想的な世界に引き込まれます。だれかが歌を口ずさむと、他の人もつられて唄います。

「ほ、ほ、蛍来い、こっちの水は甘いぞ、ほ、ほ、蛍来い」

そろそろ帰ろうかと腰を上げたとき、入園している仲間の一人が蛍に向かって「蛍さんも早く電気消して寝えや」と、優しく声をかけました。彼女にとっては、すべての生命《いのち》が一緒の時に、一緒の所で光り輝いているのです。

仲間たちは確かに、言葉やメールで人との関係をつなげていくことは困難でしょう。それでも心ですべての生命《いのち》とつながっているように思います。このような心豊かな日々と、生きる喜びを与えてくれる仲間たちに感謝しなければならないと思っています。

未来を信じて一日一日、心と心をつなげ、支え合って前進していこう。そうすることで、みんなの生命《いのち》を輝かせ、生命《いのち》を大切にする社会が必ずやってくる、と希望をもっています。

止揚学園は、設立されてから六十一年目を迎えました。その歩みは、支援する側、される側、サービスを提供する側、受ける側という定められたマニュアルのうちにとどまるものではありませんでした。同じ生命《いのち》を与えられた者同士が、共に歩んでいこうとするものでした。

ある人が見たら、何を夢のようなことを言っているのかと言うかもしれません。それでも仲間たちとのこの歩みこそが、現在の日本人が思い出さなければならないものであると私は信じています。この歩みは、小さなグループによる、生命《いのち》に無関心な人たちに対する大きな抵抗なのです。

# 答えは自分の外に

あるご家族が止揚学園を訪ねて来られました。そして、「障がいをもって生まれてきた子どもと、これからどのように生きていけばよいのですか」と、お母さんが尋ねられました。お母さんのそのお気持ちに応えようと、私は一生懸命話しました。

「障がいがあるというのは、決して悪いことではありません。お母さんは、お子さんの障がいも心を豊かにする大切なものであると認めてください。障がいをも含めてお子さんを愛してあげてください。障がいをマイナスなもの、障がい者を少数派の人たちと見ることが多数を占める社会の中で、これから歩んでいかなければなりません。テレビをつければ、『がんばってください』という声がいくらでも聞こえてくるでしょうが、そうした言葉で励まされる歩みではないでしょう。ただ、そんな社会であっても、お母さんとお子さんを支えようとして共に歩んでくださる人たちが必ずいます。私もその一人です。いつでも止揚学園に遊びに来てください。」

話の終わりに、「大丈夫ですよ、心配することはありませんよ」と言って、お母さんの気持ちを和らげてあげようと思いましたが、その言葉が口元まで出かかりながら、声になりませんでした。お子さんが成長していく過程においてこのご家族が様々なことを選択して、これから立ち向かっていかなければならない事柄を数えていくと、その多さに圧倒されてしまったからでした。――

現代の日本社会では、できることが求められます。それゆえマニュアルが進められ、できないことが事務的にチェックされ、決定され、細分化され、様々な障がいの名称のもと、障がい者とされるのです。本来、「障がい」をもって生まれてくる子などはいないはずなのに、多数派の人たちから見て、障がい児、障がい者とされるのです。

けれども、事務的なチェックによって浮かび上がってくる現象は、その子の中の一部分にすぎません。人間はもっとたくさんの素晴らしいものを内に秘めています。現象面だけを重視する現代社会にあって生きていくために、見えない強制力に屈することもあります。屈することなく強く生きていくことを、障がいのあるお子さんをもつお母さんに求めるのは、あまりにも過酷なことです。

お子さんが就学する年齢になり、ご両親が町の学校に通わせることを選べば、学芸会などみんなと動きを合わせなければならない時があります。笛がうまく吹けなかったとしたら、少しテンポを遅くして、一緒に演奏ができるように子どもたちを導いてくれる先生に出会えればと願います。就職する年齢になり、ノルマがなかなか達成できなくても、皆で仕事を分け合うことを提案するリーダーに出会えることを願います。その子どもがひとりポツンと寂しく座っていることがないようにと願います。ほんの少しの心の分け合いを願います。

そして大切なのは、結果ではなく、みんなの笑顔を諦めないことです。どれほどすぐれた結果を残したとしても、反対に一つも結果が得られなかったとしても、心を合わせようと努力することを諦めない生き方を信じ続けていきたいのです。

だれでも心配事があるでしょう。知能に障がいのある仲間たちも、それは同じです。ただ、仲間たちの心配事への向き合い方には、何か颯爽《さっそう》としたものを感じます。春先に一枚、身に着けている服を減らしたときのようです。それは、私たちが今までいったい何をこんなことにこだわっていたのかと、新たに嬉しさが込みあげてくるような向き合い方です。悩みがないのではなく、悩みを優しく包み込む生き方です。

三月に、近くの近江八幡で「左義長《さぎちょう》祭り」*があります。毎年みんながこのお祭りを楽しみにしていますが、それは、そこに出かけることで「春がやってきた」という気持ちになるからです。横一列に並べられている左義長（ダシ）を見ていると、どれも一つずつ丁寧に作られていて、それにはとても感心させられます。短冊のように棒につながれた赤い細長い紙が幾重にも重なり、風になびいています。その揺らぎを眺めていると、いつのまにか頬にそよぐ風に翻弄され、その一部となったように、春の気配に溶け込んでいくのです。

左義長祭り「もうすぐ春がきます」

毎年、同じ場所と時間に並べられた左義長を眺め、みんなの笑顔がそこにあります。いったい時間はめぐっているのだろうかと錯覚してしまいます。仲間たちの笑顔がどの年にもキラキラと輝いています。そして、ただ季節が流れているだけではありません。その笑顔のうちに、いつも新しい出会いと発見をうかがうこともできます。仲間たち自身でそうしようとしているのではなく、時間の流れに身をゆだねたゆえに、自然の息吹がそうさせてくれているようです。

秋には秋の、春には春の、どの笑顔も喜びに溢れています。

私は秋には、もうすぐ寒くなるなと、これからやってくる冬のことを思って、身震いします。春には、これから暖かくなってくると、一枚服を減らします。気温が同じであったとしても、です。いつも未来のことを心配しているのが私です。

季節は仲間たちの笑顔とともにめぐります。地球は無慈悲にただ回転しているだけではありません。木々を見つめると、小さな生命《いのち》が芽生えています。

仲間たちは、与えられたその時を愛しています。今を一生懸命生きています。その歩みはゆっくりでも、優しく、一人ひとりを大切にしていくものです。与えられた出会いを感謝する歩みです。暖かい太陽が私たちを照らし包んでくれています。その見えない先に顔をあげ、前進します。

——私は、仲間たちの見えない言葉が私たちに希望を与えてくれていることをあらためて確信し、勇気が与えられました。そして、帰り支度をしている、お子さんとご家族に向けて、「大丈夫、心配することはありませんよ」との言葉をおかけすることができました。

その日、知能に障がいのある仲間たちが、ご家族を玄関で見送ってくれました。

「またきてください、まっています！」

春の日ざしの中、はっきりとした声で。

＊湖国の春を告げるお祭りで、その昔、織田信長も踊りだしたと伝えられています。各町内手作りの左義長（ダシ）の巡行・奉火も見もので多くの見物客で賑わいます。

# すべてに生命《いのち》を見いだす生き方

止揚学園に新しい建物「本館」が完成しました。

名前が示すとおり、知能に障がいのある仲間たちの生活の根幹をなす大切な建物です。それまで皆が生活していた古い建物も、私たちは「本館」と呼んでいました。今は「旧館」と呼んでいます。仲間たちはここで寝起きをしていました。夕方には職員と一緒に布団敷きが始まります。畳敷の部屋に眠りにつく一人ひとりのことを思いながら、晩ご飯の時間までに敷いていきます。歳を重ねてきた人もいて、ベッドで休む人も増えました。しかしこの布団敷きは、旧館が建てられた四十年以上前から変わらない営みです。建て替えの時には、その畳の床に座り、これまでに繰り返し行われてきた仲間たちの日々の営みに心をめぐらせ、この畳の一枚一枚が仲間たちの笑い声を、あるいは寝息を聞いてきたのだと感慨深く思ったことでした。

一年に一度、畳をあげる日がありました。その日には、親や兄弟姉妹、ご家族の皆さんが集まってくださいました。一斉に外に担ぎ出された畳が運動場にきれいに並べられている光景は爽快です。匂いを嗅ぐと、太陽の光を浴び、心を落ち着かせる良い香りがします。その夜は、その香りと、一日の皆さんの優しい心とが交わって、どの部屋も心地よさで満たされました。スヤスヤと気持ちよさそうに眠っているみんなの寝顔がそのことを物語っていました。

これまでにどれほどの温かい出来事がこの建物とともにあったでしょうか。

昨年の冬の日、仲間の美咲さんのてんかん発作が続いたので、二代目本館（旧館）の部屋でゆっくりと静養することにしました。窓の外では雪景色の中、雪だるまを作る楽しそうな歓声が響いていました。付き添っている職員と美咲さんは、そんなみんなが外から手を振ってくれるたびに笑顔になりました。あとは炭の眼をつければ雪だるまの完成というとき、美咲さんたちが部屋にいたままでも見えるようにと、仲間たちはその眼を二人のいる窓のほうに向けてつけてくれました。そして、おやつの時間に美咲さんたちは、温かいぜんざいを雪だるまとニコニコと見つめ合いながら食べることができました。

外の景色を眺めながら、数限りない笑顔をこの建物は温かく包み込んでいてくれたことに気づかされます。

仲間たちが子どものころに慣れ親しんだ
二代目本館（旧館）の畳の部屋

一つ一つの部屋には、住んでいるみんなの人数分、住んできたみんなの年数分の温かい思い出が染み込んでいます。建物は無機質に私たちを取り囲んでいるのではなく、柱一本一本が、畳一枚一枚が、仲間たちの優しい心に染めあげられているのです。

二代目本館（旧館）は木材を多く使用した造りです。朝には長い廊下の雑巾がけをします。ピカピカに磨かれた廊下を見て、仲間たちは嬉しそうに、「廊下がニコニコと笑っているよ」と笑います。

ある夏、台風が来た夜、ある人は怖さを覚えながら、布団の中で「雨ザーザー、風ビュービュー。大丈夫？」と建物に話しかけていました。

私は信じています。この笑顔と言葉を建物は確かに聞き入れ、仲間たちを今日まで守り続けてきてくれたことを。

二代目本館（旧館）が建つ前、そこには初代の本館がありました。一回り小さく、もっと雑な造りであったことを記憶しています。初代本館を解体していた大工さんの独り言を、子どもだった私は偶然聞いてしまいました。

「釘一本でよく今までもってきたな」

おそらく柱と柱のつなぎめのことを言っていたのだと思いますが、そのとおり、粗末な初代本館だったのでしょう。それでも不思議です。その粗末な初代本館に今でも愛着を覚えるのですから。

初代本館の壁面には一面に色鮮やかに動物が描かれていました。備え付けの窓を利用して、窓が動物の目に見えるよう、うまく考えられていました。業者さんではなく、職員がペンキで仕上げたものです。だからこそ素朴で、大胆だったのです。

そんな建物を思うとき、現在ではなく、あの当時子どもだった仲間たちの笑顔を思い出します。みんなニコニコしていました。

初代本館が解体され、二代目の本館（旧館）になり、新しくなっても、あの時の光景が心の中に生き続けていました。二代目の本館（旧館）も、これからきっといつまでもみんなの心の中に生き続けることでしょう。

壁面に動物たちが描かれた初代本館（1966年）

初代本館、二代目本館（旧館）、三代目の新本館。止揚学園で生活している仲間たちの中には、これら三つの建物に住んだことになる人たちがいます。以前、新聞に、地域に移行することなく、施設に残り続ける障がい者の記事が載っていました。私はそれを読んで、人の幸せっていったい何なのだろうかと考えさせられました。

一人ひとりに背負ってきた歴史があります。歩んできた場所があります。ある人はその場所で幸せなのかもしれません。あるいは不幸なのかもしれません。私たちはそのことを知能に障がいのある仲間たちに問い続けてきました。私たち自身が多数派に属し、仲間たちを少数派に追いやっていることへの心の葛藤と向き合いつつ、私たちとともに歩むことが、そして障がいがあるとされる者と、障がいがないとされる者が共に止揚学園で人生の終わりを迎えることが、仲間たちにとって幸せなのか、不幸なのかを問い続けてきました。

新しい本館は、仲間たちの年齢からすると終《つい》の棲家《すみか》となります。けれども、どうしてもお伝えしたいことがあります。仲間たちとのこれまでの歩みの中で、笑顔がいつも溢れていたといいうこと、一緒にいられて良かったと思えた瞬間や出来事が数限りなくあったということです。

自立するとは、いったいどういうことなのでしょうか。仕事ができるようになることでしょうか。給料がもらえるようになることでしょうか。もしそうであるならば、止揚学園の仲間たちは自立していないことになるのでしょう。知能に障がいのある仲間たちにとって、目に見える利益の分配を第一とし、そのことによってつながろうとする社会では、確かに自立は難しいことです。

けれども私は、そういったことよりももっと大切な「自立」があるような気がしています。それは、だれもが心安らぐ社会を提供していくということです。一人ひとりが目に見えない優しい心を大切にし、その心を分配し、つながろうとする社会であれば、仲間たちは立派に自立しており、大きな希望をもって生きています。最も優しい心を分け与えてくれるのはほかならぬこの仲間たちだからです。

止揚学園の私たちはこれまで心の分配を大切にしてきました。一人も欠けることなく、

新しい建物が完成しました！

皆を必要とするグループを心がけてきました。そのようにして、みんなの笑顔が保たれ、心を一つにしているということでは、迷うことなく仲間たちは自立していると言ってよいと思います。

知能に障がいのある仲間たちの生き方は、すべてのものに生命《いのち》を見いだす生き方です。すべての与えられた生命《いのち》に感謝し、共に歩もうとする生き方です。

新しい建物が建ち、仲間たちの心の言葉がそこにあふれ、建物自体が優しい心を持ってくれることを願っています。初代本館、二代目本館と同様に、三代目の新しい建物が、みんなを優しく包み込んでくれますように。

# 今日を信じて生きる

止揚学園の知能に障がいのある仲間たちと生活を共にしていて、嬉しくなる瞬間がたくさんあります。それは特別な時ではなく、日常の普段の時が多いようです。

止揚学園の食事に使う食器は、様々な方からいただいた陶器のものです。まとめて購入したものではないため、赤色や青色と一つ一つ違った模様があり、大小様々な形をしています。仲間たちはいろんな色や形の食器一つ一つに愛着をもち、そしてたくさんの方々の温かいお心を感じて、それらを大切に使ってくれます。

食事前に食器の準備をするのは仲間たちです。職員と一緒に各テーブルに運びます。これはみんなにとっても楽しい時間です。隣の炊事場からはトントンと包丁の音。そして大きなお鍋から沸き上がる湯気とともに届く良い香り。今日のご飯は何だろうと、足取りも軽くなります。

美奈代さんもウキウキとしている一人です。

楽しい食事の時間（コロナ感染拡大以前はみんなで一緒に食事をしていました）

あるとき、私は一つのことに気づきました。美奈代さんのお茶碗がいつも決まって大きなものなのです。大きいといってもほんの少しですが、次の日も、その次の日も赤色の大きなお茶碗です。

ある日、私は美奈代さんにさりげなく言ってみました。

「美奈代さん、元喜さんのところにこの大きな赤色のお茶碗を持って行ってあげたら、きっと喜ぶと思いますよ」

美奈代さんは、元喜さんの前に置かれているお茶碗を見ました。それは、さっき美奈代さんが運んだものでした。元喜さんはそれほどこだわりがあるわけではなく、いま前に置かれているもので十分満足しているようです。それでも美奈代さんは、赤い大きなお茶碗を持って行けば、元喜さんがもっと喜ぶだろうと思ったようで、そのようにしてくれました。

元喜さんが笑顔になりました。美奈代さんも嬉しそうでした。二人が嬉しそうなので、みんなも嬉しくなりました。美奈代さんはいつもよりたくさんご飯のおかわりをしていました。

そんな喜びに満ちた次の日のことです。あの大きな赤いお茶碗はまた美奈代さんの前に置かれていました。それでも、仲間たちの食事の楽しい時間はいつもと同じでした。笑顔は何も変わらないのです。

止揚学園の生活では、わだかまりやもめごとは、思っているほどたいそうなことでなく、その日のうちに終わってしまうことが多いのです。美奈代さんは昨日、私が言ったことを素直に受け入れ、それまでのことや、これからのことではなく、今その時に元喜さんの笑顔を望んでくれました。そして今日続けてそのことをしなかったとしても、それはおかしいことではありません。仲間たちは羨ましくなるほど日々新たな生き方をしています。すべての人を初めから受け入れている仲間たちにとって、この生き方に何の支障もないのです。

ところで、障がいがないとされている私たちははたして、人を信頼して生きているでしょうか。止揚学園の知能に障がいのある仲間たちは私たちよりもはるかに人を信頼する生き方をしているように感じます。私たちは普段の生活の中で、人からあることを指摘されると、すぐにはそれを受け入れずに、どんな対応をしようかと考えます。ところが、仲間たちはすべての人に、そのままの自分をさらけ出します。すべての人を信頼しているからです。

仲間の純奈さんが神さまのもとに召されていったときのことです。

その一年前から病院での闘病生活が始まっていました。毎日職員が交代で、入院している純奈さんと過ごすようにしました。病気の進行を主治医がお話しくださるときも、純奈さんのご家族が自分たちだけでは不安であるということで、一緒にお聞きしました。

病状は良くなったり悪くなったりの繰り返しでした。少し良くなったときには純奈さんは止揚学園に帰って来ました。そんなときはみんなが玄関に集まり、「お帰りなさい」と、心からの喜びをもって迎えました。それは、言葉だけでなく、本当の家族であるということを実感する時でした。

春も終わりを迎えようとしたとき、主治医が「そろそろ覚悟をしておいたほうがよいかもしれません」と言われました。私はそれを聞いたとき、純奈さんとみんなとの楽しかった思い出が心によみがえってきました。そしてもう一度、純奈さんにも、そしてみんなにも、一緒にいられることを、この尊い人生の喜びとして感じさせてあげたいと思いました。

そこで、みんなで伊勢、鳥羽へ旅行に出かけることにしました。温泉でゆっくりと楽しい時間を過ごすことにしたのです。

そのころにはすでに純奈さんの足に浮腫《むく》みが出てきていました。ホテルに足湯がありました。みんなでカラオケをして盛り上がり、そのあとに足湯に浸かることにしました。温かいお湯に足をつけ、純奈さんは私に尋ねてきました。

「この足なおるね」

「大丈夫、なおるよ」

そうとしか答えられませんでした。

純奈さんは私のその言葉を信じてくれました。そして私は、信じてくれた純奈さんに救われた気がしました。

伊勢、鳥羽旅行にて
〈右下が純奈さん〉

純奈さんが亡くなる前日、私たちは病室にいました。

あまりにも静かに眠っていたので、このまま死んでしまうかもしれないと思い、「純ちゃん、純ちゃん」と声をかけました。この呼び方は私たちが子どもだったころのものでした。あのころ、私は彼女のことを「純ちゃん」、純奈さんは私のことを「ルーちゃん」と呼んでいました。私たちは、職員と入園している仲間としてではなく、友だち同士だったのです。

私が「純奈さん」と呼び始めたのは、彼女が障がい者と呼ばれるような社会を作りだしているのはほかならないこの自分であると意識するようになってからです。何の問題意識ももたずに、このまま友だち同士であり続けることに無責任さを感じたからです。

一瞬の回帰後、すぐに呼び方を変えました。

「純奈さん、純奈さん」

するとパッと目を開けてくれたのです。

私は気が動転し、頭が真っ白になり、何を言っていいかわからないまま、それでも「もうこの時しかないかもしれない」と思い、必死に声を出しました。

「純奈さん、神さまが守ってくださっているよ」

その言葉に純奈さんは「うん、うん」と、優しくうなずいてくれました。

そのうなずきは子どものころの優しい純奈さんのものでした。純奈さんはずっと変わらず、私のことを信頼してくれていたのです。

それに比べて、私は人を信じることにどれほど臆病であったかと胸の奥が熱くなりました。そして、人を信頼しない生き方にどれほどの意味があるのかと思いました。

純奈さんが息を引き取った夜は、月明かりがとても美しく、もう朝日が昇ってきたのかと勘違いするほどでした。その月明かりに照らされて、純奈さんは静かに優しい面持ちのまま旅立っていきました。

その姿を見つめながら思いました。純奈さんの人生はすべての人を信頼し、今日を信じて歩んできた素晴らしい人生だった、と。

純奈さんのお骨は止揚学園の納骨堂に納められました。「純奈は止揚学園のみんなが大好きだったから」と、ご家族の方が納骨を希望されたのです。その納骨堂には純奈さんのお母さんも入っておられます。

この人の人生はつらい人生だったとか、寂しい人生だったとか、そんなことを言っているうちは人との距離は離れたままです。止揚学園の私たちは共に歩む家族のように、仲間たちの死をもっと温かい思いで受けとめたいと願っています。そして、知能に障がいがある、と言われ続けた仲間たちの人生が光り輝いていたことを語り続けたいのです。純奈さんの生きた軌跡を、純奈さんの祈りを語り続けたいのです。

「共に歩むということは、共に歩む者を信じることです」

小高い丘に建つ納骨堂から純奈さんの優しい声が、今日も聞こえてきます。

# 祈りは希望です

先日ある団体から「障がい者と人権」というテーマで話をしてほしいとの依頼を受けました。私は、どのように話したらよいかと悩みました。「みんな同じ人間です。だから知能に障がいのある人たちにも人権があるのです」と話すことに違和感を覚えたからです。今、この時代に知能に障がいのある人たちに人権はない、と言いきる人はほとんどいないでしょう。それぞれが違っていることを認めていこうとする時代です。私の話は聴いてくださる方々に、何を今さら当たり前のことを言っているのかと、時代錯誤的な印象を与えてしまうのではないかと思ったのです。

けれども今日、知能に障がいのある人たちの心の言葉を聴いてみようとする人がはたして増えているでしょうか。私は、あるお母さんからいただいた手紙のことを思い出しました。娘さんには知的に障がいがありました。その手紙には、お子さんの学校生活のことや、お母さんの職場での思いが認《したた》められていました。

お子さんの学校生活は周囲の人たちの優しい心に包まれて、温かく豊かなもののようです。それゆえそのお手紙は、読んでいて、気持ちを和ませてくれるものではあったのですが、文章のところどころにお母さんの不安も綴られていました。

朝、娘さんの髪に可愛いリボンを結ぶとき、（このリボンに気づき、クラスのだれかが話しかけてくれますように）と、お母さんは願われます。上靴を洗いながら、（学校の階段で転びませんように）と願われます。

こう願っているとき、きっとお母さんは微笑んでおられたことと思います。お子さんの通っている小学校であれば、必ずだれかが声をかけて、階段でもだれかが支えてくれるからです。けれども、学校の外ではどうでしょうか。すべての人が優しい思いをもってくれるでしょうか。そのことを考えると、お母さんの願いは祈りに変わります。お子さんを取り巻くあらゆるものが、キラキラとした輝きを与えるものでありますようにと、願いではなく、祈りに変わるのです。

お母さんはご自分の仕事の中でも、常に笑顔を絶やすことがありません。なぜなら、自分の向けた笑顔が、いつか自分のお子さんに返ってくることを心の中で祈っておられるからです。不安を熱い涙で打ち消し、この社会に希望をもち、笑顔を向けておられるのです。

ここ数年、特に知能に障がいのある人たちの入園を希望するご家族が増えてきました。そうした人たちの生活する場が減少しつつあるからです。また、行き場がなく、体調の不良が特別ないにもかかわらず、病院に入院するという状態で日々を過ごしている方もおられます。

この現実を前に、私はやはり現在の社会の抱える矛盾を感じずにはいられません。一人ひとりの違いが大切にされるはずの時代に、知能に障がいのある人たちに人権はないと言いきる人がほとんどいない時代に、居場所がない人たちが確かに存在しているのです。私たちは、そこにある事実に蓋《ふた》をした絵空事の世界に生きているのではないでしょうか。本当に怖い社会とは、そこにある現実に気づいているにもかかわらず、真剣に向き合うことを諦めた社会ではないでしょうか。

ある夏、止揚学園に入園している肇《はじめ》さんのてんかん発作が重積し、病院に入院することになりました。てんかん発作を起こしているときに唾液《だえき》を誤嚥《ごえん》し、肺炎を発症してしまうためなのか、食事の際、喉元《のどもと》を食べ物が通るたびに、少しずつ誤嚥しているのか、あるいは、体内のどこかに炎症があるのか、はっきりした原因はわかりませんが、炎症値が上がったり下がったりの繰り返しなのです。そのために入院が長引いていきました。

肇さんは、五十年前に入園してきました。その歳月の中で私たちは家族として共に歩んできました。家族の一人が入院しているという思いの中で、毎日、職員が病院で付き添っていました。

肇さんのお母さんも歳を重ね、最近はよく涙を流すようになられました。肇さんの入院が長引き、お母さんと肇さんのこれからについて話していたときのことです。湧き上がってくる思いを抑えながら、一言一言ゆっくりとお話しされました。

淡路島イングランドの丘にて

「私たち家族の人生は肇を中心としてきたものでした。止揚学園で、行事や親の会があるときには、出席することをまず第一にし、その後に他の予定を立ててきました」

お母さんは、肇さんとのこれまでの日々を一生懸命振り返っておられました。もしかしたら、これまでの犠牲と思われることまでも思い出しておられたのかもしれません。しかし、そのまなざしには決意が現れ

滋賀県高島市のメタセコイヤの並木道で

ていました。犠牲ではなく、何としてでも肇さんとともに生きていくのだという、決して動かされない強いものがありました。

私はこのお母さんのまなざしと、あのお手紙を下さったお母さんのまなざしは、同じであるように思いました。決して、楽しいことばかりではないでしょう。しかし、そのまなざしは動かされることなく、そこに、信じ続ける未来への深い祈りがありました。

知能に障がいのある仲間たちは、人と人の心をつなげてくれます。肇さんは、自分の家族、私たち職員、入園している仲間たち、止揚学園のことを大切にしてくださるたくさんの方々、みんなの心と心をつなげてくれます。このつながりは、現象面の生産性の有無によって人の価値を見いだしていこうとする価値観の中では生まれてこないものです。

人間の社会を信じていこうとする優しい心をもつ止揚学園の仲間たちは、心と心をつなげてくれます。その笑顔によって、そのつながりはどんどん広がっていきます。そうした中でこそ人権は活き活きと輝き始めるのです。

人が生きる力を得るのは、温かい生命《いのち》でつながっているという喜びを感じる時ではないでしょうか。そう考えたときに、手紙を下さったお母さんの決意のまなざしの中に、もう一つのものがあったことに気づきました。それはとても温かいものでした。そして、肇さんのお母さんが一方的に肇さんを支えているのではなく、肇さんもまたお母さんを支えていることに気づくのです。肇さんは一生懸命お母さんを、その背に担いでくれています。今日も、そしてこれからも。

# ありのままの心にまみれる

先日、知能に障がいのある仲間たちと京都の太秦《うずまさ》映画村に行ってきました。仲間たちとの外出には入念な準備が必要です。てんかん発作をもっている人、内臓に疾患をもっている人は薬を服用しなければなりませんから、その準備も大切です。またお手洗いのこともあります。車椅子用のお手洗いの設置の確認、万が一の時の着替えの準備も欠かせません。

止揚学園では普段から、炊事、洗濯、医療、排泄介助等、それぞれ職員が責任を分担しています。太秦行きに際して医療の担当を、職員になって二年目の佐竹さん、排泄介助の担当を一年目の元永さんにしてもらうことにしました。二人とも責任をもったのは初めてでした。

この外出は若い職員たちの発案で決まりました。そのためでしょうか、重責ではあっても、二人が仲間たちのことを話している様子はとても楽しそうです。一緒に行く仲間の桑名さんは、映画村行きが楽しみで興奮し、二日前から、「ホイホイ」と笑いが止まりません。二人はそんなことも楽しそうに話しています。

桑名さんの笑い声は「ホイホイ」と聞こえます。桑名さんが笑うと、また「ホイホイ」笑っていると言って、止揚学園のみんなも嬉しくなります。

当日は小雨模様でしたが、着いて少しすると、きれいな青空が広がりました。冬の優しい太陽に、みんなの顔が輝きました。「ホイホイ」という笑い声も映画村に響きました。私たちは、「撮影中だから静かにしてください」という紙を持って立っている映画製作会社の方の横を、みんなの笑い声が録音されたら大変と、早足で通り過ぎました。

芝居小屋では忍者のショーが上演されていました。ショーは、観客の笑いを誘うコメディとアクションとで構成されていました。豊臣秀頼が弓矢で撃たれます。（本当は胸の中に入れておいた芋に矢が刺さっただけなのですが）この白熱の場面で、「ホイホイ」と桑名さんが笑いました。しかし幸いなことに、大きな効果音がその笑い声を打ち消してくれました。そしてショーが終わり、外に出ました。

「あんなところでホイホイ笑うなんて、おぬしも悪《わる》よのう」

時代劇風に芝居がかって桑名さんに言うと、桑名さんとみんなの笑顔が広がりました。

私たちは知っています。本当に笑ってはいけないとき、桑名さんは決して笑わないことを。笑顔から笑顔が生まれる優しい時を桑名さんがいちばんよく知っているのです。

楽しかった京都太秦の映画村

楽しい一日も終わり、止揚学園に帰って来ました。片づけもすませ、みんなで集まりました。その席で佐竹さんが、

「今日は本当に楽しかったけれど、帰って来て、ほっとしてはじめて、みんなの薬のことで、とても緊張していたことに気がつきました」

と話してくれました。

元永さんも続けます。

「出発する前、お手洗いに桑名さんと入りました。今日一日、桑名さん、そしてみんなのお手洗いのことに心を配っていかなければならない、そんな思いで入りました。桑名さんは、このところお腹の調子が順調ではありませんでした。ところが、今朝はすんなりと用を足すことができました。お手洗いのドアを開けたとき、『ホイホイ』と桑名さんの爽やかな笑顔に出会いました」

元永さんは、「出発前のこの出来事が今日いちばんの嬉しいことでした」と話してくれました。楽しいだけでなく、一日みんなの身体の調子のこととも向き合ってくれていた若い二人の安堵した表情が、私たちの心を温かく打ちました。

人と人とのつながり方は様々です。しかし、真剣に相手の生命《いのち》と向き合っていく生き方は尊いものです。桑名さんの「ホイホイ」は、はじめて責任を任された若い二人の緊張を感じて、「大丈夫、心配しなくてもいいですよ」という、二人と一緒にみんなで支え合いつつ過ごすための優しい笑い声だったのかもしれません。

どれだけ時代が変わっても変わらないものがあります。それは温かい心です。温かい心に包まれたとき、私たちは決して孤独でないことを知ります。そしてそのときに、ひとりで生きていくための強い自信ではなく、みんなで支え合って生きていける優しい自信が芽生えてくるのです。

止揚学園の知能に障がいのある仲間たちは心の形をそのままに、私たちの前に表してくれます。人は常に優しい気持ちを保っていられるわけではありません。イライラしたり、他の人と自分を比較して、自らの心の狭さを嘆いたりします。仲間たちも同じです。

生きることは、ありのままの心にまみれつつ、その中で右往左往しながら歩み続けることです。その歩みにおいて疲れてくることもあります。

そんなときはゆっくりと休めばいいとよく言われます。けれども、現代社会に生きる私たちは本当の意味でゆっくりと休むことがなかなかできません。だから、つらいのです。その状態から逃れようと、心と心の間に線引きをしようとしますが、その線もいつか切れてしまうことがあります。人はひとりだけで生きているわけではないからです。

仲間たちは私たちに、本物の怒り、苦しみ、悲しみ、そして喜びをそのままに表します。こちらが望んでいないときも、お構いなく心をぶつけてきます。そうしたなかで、私たちはいつのまにか仲間たちの心にまみれていることに気づかされます。

社会ではよく、心と心の間で締めつけられて、身動きがとれなくなることがあります。けれども、仲間たちとの心のぶつかりはそうした不安なものではありません。私たちを信頼してくれているという安心感をもたらす懐の深いぶつかりだからです。

私たちは仲間たちのまなざしに優しいものの存在を感じ、その存在を前にして、これまで自分が正しいと思っていたことが仲間たちの立場に立つとき、本当はそうではないのかもしれない、本当の優しさは、こちらが思う優しさを超えたところにあるのではないかということを気づかされます。そうしたときには、私は、心と心がまみれるままに自らを任せてもよいと思っています。それは安心感を伴うものだからです。そして、そのとき私は初めて人の本物の怒り、苦しみ、悲しみ、喜びが存在する心の淵に安心して降り立つことができるような気がするのです。

現代社会は人の心に立ち入ることよりも、心と心の間に距離を置くほうを選びます。これほどの情報社会ですから、私たちは大きな脅威にさらされているでしょう。もし心の深度というものがあるとしたら、現代は心の浅い部分でとどまっていたほうが安全なのかもしれません。しかし私は知能に障がいのある仲間たちと、炊事、洗濯、医療、排泄介助等、身体の面でも心の面でも距離が離れていては成立しない日々にあって、心の深いところにこそすべてを覆い尽くす愛が存在していると信じることができます。

私たちは物事を見るとき、身体の一部の目だけで見ているのではなく、心の状態も大きく作用しているのではないでしょうか。優しい心と温かい心がまみれるなかで今日見る世界も変わっていくのです。心と心の間に距離を置かれた孤独な心は、今日世界に何を見るのでしょうか。

社会が求めている時代の方向性にはそぐわないかもしれません。しかし、ここに未来への希望があると思います。人々の苦しみや、悲しみと共に歩んでいこうとする未来への方向性があるように思うのです。

だれもが、安心して心にまみれることができる社会を願っているのではないでしょうか。それこそが、生きる希望です。生きる喜びです。

## 時間と生命《いのち》

私はよく意思の疎通とはどういうことかと考えます。

止揚学園の仲間たちは、言葉と言葉での会話の難しい人がほとんどです。話しかけた言葉に返事をすることがなく、ただニコニコと笑ったり、違うところを見ていたりすることが多々あります。

こうしたときに、私たちは互いに意思の疎通ができていないのでしょうか。私はそうは思いません。

たとえば、一日の始まりの「おはようございます」、一日の終わりの「おやすみなさい」のあいさつに、空気を震わし耳に届いてくる言葉で返事がなかったとしても、こちらに聞こうとする気持ちがあるなら、もう一つの言葉が聞こえてくるのです。それは、私が忙しさに追われている時ではなく、知能に障がいのある仲間たちの時間を大切にした時に聞こえてきます。

人はそれぞれの時間を生かされています。みんな同じ時間の法則に沿って生きていると一般的にはとらえがちですが、仲間たちとの「共に」の日々に、それぞれに与えられた時間、それぞれに準備された時間というものがあって、仲間たちは感謝しつつ、自らをその時間にゆだね、歩んでいるように見えます。

ご家族との親しい語らいの時

仲間の西村さんは言葉を話すことがありません。この夏、ご家族で一緒に過ごすため、九十二歳になられたお父さんとご家族の皆さんが西村さんを迎えに来られました。お母さんは去年亡くなられました。

近年、仲間たちのご両親が歳を重ね、亡くなられることも増えてきました。そして、各家庭の諸事情もあり、家に帰れない仲間たちのほうが多くなったというのが現状です。

出発前応接室で西村さんを真ん中にして、お父さんとご家族の皆さんとお話をしました。恒例の楽しい一時です。お父さんが、西村さんの子どものころのことを一つ一つ思い浮かべながら話してくださいました。

西村さんがまだ小さく、止揚学園に入園する前のことです。西村さんの家がある地域は、琵琶湖の美しい景色の中の水郷の地です。水路が張りめぐらされていて、当時はよく舟に乗って一家で田んぼに出掛けていたそうです。

その日もお父さんたちは農作業に従事しておられました。ところがふと気づくと、畦道《あぜみち》にいるはずの西村さんが見当たりません。慌てて皆で捜し回ると、水路にはまり、舟をつなぐ桟橋の柱にしがみついていたそうです。もう少し遅かったら生命《いのち》が亡くなっていたとお父さんは話されました。

びっくりするようなお話でしたが、お父さんは淡々と振り返られるのです。その傍らでニコニコと笑っている西村さんを見ていると、現実味のない昔話を聞いているような不思議な感覚になりました。

私はそのとき、大きな声で助けを呼ぶことができない西村さんが、怖がって無理に身体を動かし、自力で助かろうともがくことなく、お父さんのことを信じ、じっと静かに柱にしがみつき、助けに来てくれることを待っていたから、生命《いのち》が守られたのではないかと思いました。

そう考えると、西村さんが助かったのは、必死でしがみついていた桟橋の柱の存在だけでなく、不思議な形で働いた「時」の存在もあったのではないかと思えてきました。西村さんの生命《いのち》を守ってくれた「時」の存在によって、今日もここに活き活きと西村さんが輝いて生きていることに、心からの感謝を覚えました。

九十二歳のお父さんが語ってくださるお話には、戦争に行ったこと、大病を患ったことなどもありました。私にとって想像を絶するほどのつらいお話もありました。それでも西村さんの話をされるときのお父さんの表情はとても優しいのです。それはこれまでも、このときも、親子が言葉で会話することがなくても、西村さんの笑顔のうちに生命《いのち》が輝いていて、お父さんがその生命《いのち》と優しくつながっているからであると思いました。

仲間の町田さんは少し言葉を話すことができます。しかし、それは、その場の話の流れを汲み取って語る言葉ではありません。

この夏の日、職員の中野さん夫婦が町田さんを自宅に招待してくれました。町田さんのご両親は亡くなっており、家に帰ることができないからです。

この時期には近くの農場で採れたスイカがたくさん積まれ、値段も安く売り出されます。その中から美味しいスイカを選ぶのが醍醐味です。「今から町田さんと一緒にスイカを選んで、家に持ち帰って食べようと思います」と、三人はとても嬉しそうです。

町田さんも笑顔を見せてくれますが、それがこれからの予定をわかっての笑顔なのかどうかを、私は知りたくなりました。

「これからどこに行くのですか？」

この質問に、

「ヤマ」

と、ニコニコ笑いながら答えてくれました。これまでの会話と何の脈略もない突拍子もない答えです。町田さんのことをまったく知らない人が聞いたら、意思の疎通がなされていないと思う会話です。しかし私たちはこれを聞いて、とても嬉しくなりました。

町田さんは、みんなと一緒に毎春出かける近くの山のことを言ってくれたのです。町田さんにとって楽しいことは、その山で美しい桜を見ること、美味しいおにぎりを食べること、そしてみんなの笑顔があることです。みんなと一緒に行く嬉しいところ、そこが「ヤマ」なのです。これからスイカを中野さん宅でいただくこともまた、「ヤマ」に行くことなのです。

町田さんは楽しい思い出を自由にくっつけて、操作しています。時系列からすると間違っていると言えますが、時間は町田さんのこうした操作を許してくれているように私は思います。

町田さんは知っているのでしょう。過ぎ去った楽しい時間の数々、それを思い出といいますが、それらが今日を生きる人のためにあるということを。そして私たちはそうした思い出を生きているということを。ですから、過ぎ去った楽しい出来事をこれから起こる楽しいことと差し替えたとしても、楽しいほうへ形を変えたとしても、だれも悲しむことなく、それどころか笑顔が増えるということを。

この夏の日々、様々なことを仲間たちから教えられました。言葉を話すこと、会話をすることが難しい仲間たちは私にこう教えてくれました。

言葉を使って話をすることで人と人はつながります。しかしその前に私たちは優しい時間、温かい生命《いのち》でつながっているのですよ、と。

言葉、そして言葉での会話だけに頼らない止揚学園にあって、私は時間の優しさを大切にしたいと思っています。「時間」は無慈悲に過ぎ去るものではなく、生命《いのち》を制限するものでもありません。西村さんのお話のような生命《いのち》を守ってくれる優しい「時間」、町田さんのお話のような自由に操作させてくれる優しい「時間」です。そしてそれを大切にしたときに、私たちは仲間たちの笑顔のうちの優しい言葉が聞こえてきます。それは時間と

## 生命《いのち》が優しく溶け合う温かい場所からの言葉です。

一日の時間の区切りとして、「おはようございます」「おやすみなさい」とあいさつをします。そのときに、たとえ知能に障がいのある仲間たちから返事がなかったとしても、私は楽しいのです。なぜなら、仲間たちが、「あなたは当たりまえのように時間というものを区切って、新しい一日が始まり、そして終わったことを私たちに語りかけてくれますが、優しい時間に包まれている私たちのほうが時間の流れのことをよく知っているかもしれませんよ」と、笑顔のうちに、無言のうちに、優しく教えてくれるからです。このとき私は、自らの思いを超えたところにある、大切なものに近づいたことの喜びを覚えます。

# 福祉の仕事

今、福祉の仕事に従事しようという人が減っています。知能に障がいがある仲間たちの未来のことを思い、私たち福祉の仕事に携わる者はこの現状に真剣に向き合わなければなりません。

「福祉の仕事の成果とは何なのだろうか」と、私はときどき考えます。福祉の仕事といっても、歳を重ねた方々、障がいがあるとされる方々、経済的に困っておられる方々、社会の中で弱い立場に立たされている方々等、携わりの場は様々です。そうした中でも、知能に障がいがあるとされる止揚学園の仲間たちとの日々において、福祉の仕事の成果とは何なのかと私は考えます。それは、定められた時間の中で一人の職員が、どれだけの仲間たちの入浴介助ができたか、どれだけの仲間たちの食事支援ができたかという数の多さではありません。そのときに仲間たちの人間性を無視するならば、もうその仕事に何の喜びも希望もありませんし、ただ差別があるだけと言えるでしょう。そんな成果は間違いです。

私は、仲間たちが私たちに向けてくれる笑顔にいつも問いかけられます。あなたは私たちの人間性と真剣に向き合ってくれますか、と。

言葉を話すことが難しい仲間たちだからこそ、優しい笑顔のうちに、何を今語ろうとしているのかを聞こうとする姿勢を持ち続けていきたいと願います。

仲間たちの笑顔のうちにある言葉を聞こうとする姿勢は、自分が何者なのかを問うことでもあります。このことは私にとってとても厳しいことでもあります。もし仲間たちの笑顔に、何の意味も見いだせないとしたら、私の笑顔も空しいのです。そして私の笑顔の空しさの責任は、仲間たちにではなく、すべて私自身にあります。私が自分は何者であるのかと悩むときでも（その答えに到達することはないかもしれませんが）、仲間たちの笑顔は優しいのです。その笑顔は私の弱さをそのままに受け入れてくれます。そしてまた一歩、共に支え合い、前進していくことを励ましてくれます。一歩一歩ごとに喜びがあります。仲間たちへの感謝があります。人と人が共に歩むということは、仕事の成果でなく、生きることの成果なのです。

人間の温もりを、温かい心の存在を確かに気づかせてくれる福祉の仕事に、多くの方が携わってくださることを、私は願い、心より祈っています。

止揚学園で共に暮らす奈波さんは最重度の知的障がいがあるとされています。視覚障がい、てんかん発作もあります。言葉を話すことが難しいので、こちらから話しかけても答えが返ってくることはありませんし、何らかの意思表示がなされることもほとんどありません。

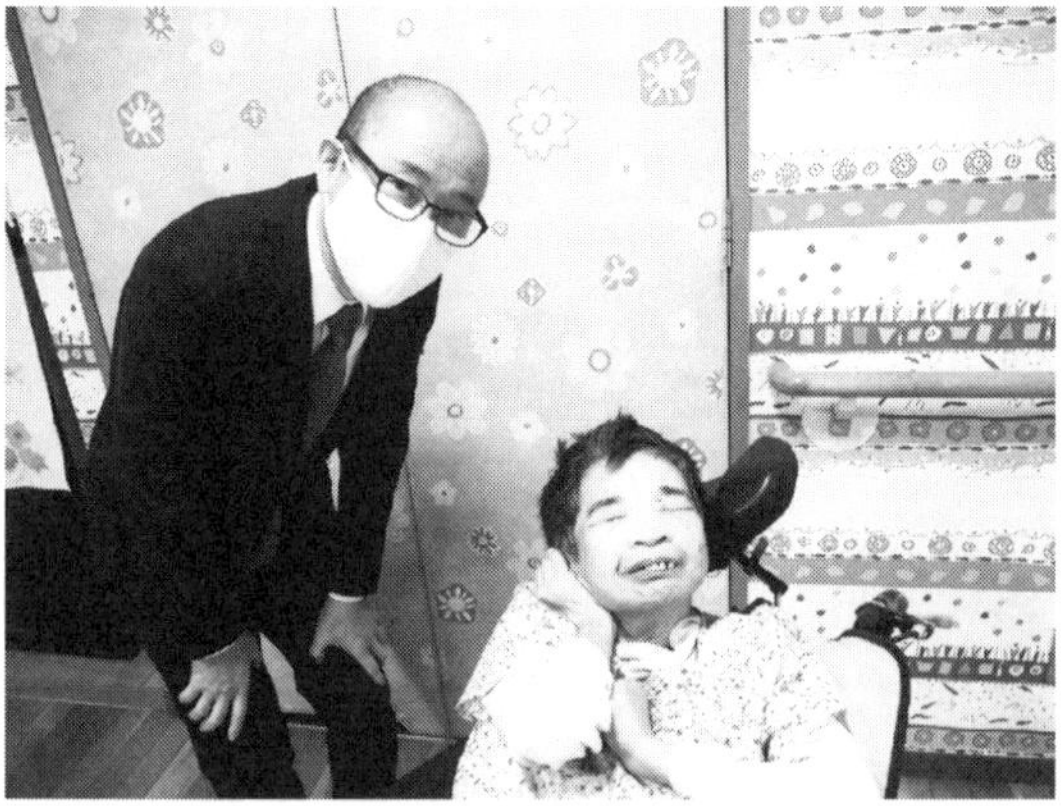

奈波さんと一緒に

その年も終わろうとしていた十二月三十日の早朝のことです。

奈波さんは普段は両腕を曲げ、両拳が顔のところにあります。その両腕が拘縮しているのがいつもの状態です。その朝、拘縮する両腕にいつもより弱さを感じました。軽いてんかん発作も周期的に起こり、そのたびに首を横に振る不随意運動が見られました。

私たちはすぐに病院に連れて行くことにしました。年末で病院は閉まっていましたが、幸いなことに、救急患者を受け入れる態勢がとられていました。

奈波さんはそのときも、首を横に振る不随意運動が続いていました。突然の来院に、病院の先生は初めこの不随意運動を何らかの意思表示と思われました。それで私たちは、奈波さんがてんかん発作をもっていることをすぐにお伝えしました。先生は、意思表示が難しい奈波さんの診断に思案しておられるようでした。

先生が聴診器をお腹にあてると、腸が動いている音がしていないということでした。身体の水分が腸に溜まっているのではないか……腸が捻転、あるいは壊疽《えそ》を起こしている可能性もある……と診断されました。しかし手術をして、お腹を開けてみなくてははっきりしたところがわかりません。すでに電話で奈波さんのお父さんとも連絡がとれていました。お父さんは、奈波さんの体力では手術には耐えられないだろうと判断なさいました。

病院の先生は、もう今晩か明日が峠だと言われました。そして腸が動きだす可能性は〇・一パーセントだろうと話されたのです。私はこの〇・一パーセントという確率に打ちのめされました。奈波さんの死を宣告されたようなものだったからです。

その年の最後の日に、歳を重ねたお父さんが遠方よりやって来られました。杖をつき、歩くこともままなりません。お母さんはすでに亡くなり、止揚学園の納骨堂に入っておられます。

「これまで奈波がお世話になりました」

そして、

「奈波を止揚学園の納骨堂に入れてください」

と、お父さんが言われました。

「わかりました」

この返事にお父さんはほっと息をつかれました。

「やっと安心することができました。私も止揚学園の納骨堂で一緒になります」

この夜、お父さんの体調のことを考え、止揚学園の職員が病院で奈波さんと過ごすことになりました。

新しい年の朝が明けました。奈波さんは新年を迎えることができました。

奈波さんが新しい朝を三回迎えたころ、「それがどうもおかしいのです」と、病院から帰って来た職員の森さんが首をかしげます。

「何だかいつもの奈波さんと変わらないような気がする。顔色も肌のツヤも元気なときの奈波さんなのです。腸の音も聞こえたように思います」

私は信じられませんでした。そして森さんに、「気持ちは痛いほどわかるけれども、希望的観測をもつことはやめたほうがいいですよ」と話しました。

今、奈波さんは無事に回復し、止揚学園で以前の奈波さんのまま過ごしています。以前のまま拘縮があり、意思表示もほとんどなく、しかし以前のまま、活き活きと一生懸命生きようとする力に満ちた奈波さんです。

奈波さんもこの社会の一員です。しかし、町で出会うたくさんの人とは違う様子をしています。行動も違います。初めて奈波さんと出会った人が、もしこの状態の奈波さんを認めず、意思疎通し、拘縮がない奈波さんにならなければいけないとか、治さなければならないとかという思いをもつならば、もうその時点で奈波さんと同じところに立っていないことになります。

森さんは、余命宣告が九〇パーセントでも、〇・一パーセントでも、どのようなパーセンテージでも諦めなかったでしょう。森さんは奈波さんと同じところに立っていました。そして活き活きと生きている奈波さんの普段の姿を知っていて、その身体にいつもの力が満ちてくることを察知しました。温かい力がよみがえってくる算定の基準を知っていたのが森さんだったのです。

福祉とはそういう仕事です。数値による成果、確率だけでなく、目に見えないところ、人間の深いところにある温かい心の場所に一緒に立つ仕事です。その場所にこそ人類の未来への明るい希望があることを信じつつ、私たちはこれからも歩みます。

# 失われていないもの

新型コロナウイルスとの日々は、多数の人々が「普通」と考えている生活形態の中で生きづらさを覚えておられる障がいのある方々、そしてそのご家族にとって、さらに多大な困難をもたらしていると感じています。そうしたなかで、困難のうちにある人々に背を向けることは、今本当に生命《いのち》の存続の危機にいる方々からも背を向けてしまうことになります。そして医療、福祉の人材不足の現状の中で、自分以外にだれもいないことを認識し、「共に」の歩みを今日も真剣に続ける現場の方々の存在は、止揚学園の私たちにとっても大きな連帯の励みであり、前に進む希望でもあります。

止揚学園では例年ですと、召天者記念礼拝運動会やクリスマス等の行事を、仲間たちのご家族やご来客の皆さんで会場をいっぱいにして行ってきました。新型コロナウイルス感染防止対策の中では、ご家族の皆さん、ご来客の皆さんに来園を控えていただき、仲間たちと私たち職員で様々な行事を執り行うことになりました。

クリスマス礼拝では讃美歌を皆で合唱するのでなく、伴奏のピアノのみで行いました。恒例の仲間たちが一生懸命に練習し、皆さんが楽しみにしているクリスマス劇は、仲間たちの無念を胸に痛いほど感じながら、中止としました。

いつもですと、楽しい昼食の祝会の後、みんなの中にサンタクロースがやって来ます。仲間の井村さんは毎年決まって、プレゼントは欲しくても、サンタクロースが怖いのでなかなか受け取れないという状況です。それでも、最後には勇気を振り絞ってプレゼントを受け取ります。恐怖の表情から、嬉しそうな笑顔に変わっていく様子が会場の皆さんの心をぽかぽかと温めてくれます。この温もりこそが会場の皆さんへのクリスマスプレゼントでした。

昨年は密を避けるため、完成した新しい家に移った仲間たちの各部屋にサンタクロースがやって来ました。もちろん井村さんからの、心を温めてくれるプレゼントは健在でした。その場にご家族の皆さん、ご来客の皆さんもいて、共に心を温め合えたならどれほど良いだろうと胸の深いところから思いました。

お正月は、毎年帰省している仲間たちはそれを控え、ご両親が他界したり、年を重ねたりして、自宅で過ごすことができない仲間たちと一緒に過ごしました。職員も帰省するのをやめました。

完成したばかりの新しい家で仲間たちと私たち職員は、揃って初めてのお正月を迎えました。職員総出で、手作りのおせち料理を準備しました。栗きんとん、黒豆、棒鱈《ぼうだら》、だし巻き卵、筑前煮等、十一種のおせちを仕上げました。今年は、長崎でお祝いの時に出される「大村寿司」や「角煮バーガー」もつくりました。押し寿司の大村寿司は、錦糸卵と桜でんぶ、菜の花で飾って、干し椎茸、ごぼうが横から見ると三段の地層のようになっています。

手作りのお節料理　おいしいなあ

止揚学園で毎年お正月を過ごす仲間たちは、定番のおせちが大好きです。

お母さんが歳を重ねて、自宅で一緒に過ごすことが困難になり、この十年来、元信《もとのぶ》さんにとって止揚学園がお正月を過ごす家となりました。元信

お正月の楽しいひととき

さんの大好物は黒豆です。お正月には黒豆を一つ一ついとおしそうに口に運ぶその姿を見なければ、だれもが新年を迎えたような気分になれません。

　コロナ禍で帰省がかなわなかった仲間の紗枝さんは、美味しそうにおせちを食べてニコニコとしている元信さんを見て、自分も嬉しくなり、笑顔になりました。私たち職員は、帰省できずに寂しい思いをしている紗枝さんを笑顔にしてくれた元信さんに心から感謝しました。

　元信さんと紗枝さんを見つめつつ、そして知能に障がいのある仲間の皆を見つめつつ、帰省したいというそれぞれの気持ちにも寄り添いつつ、せめてここに笑顔があることに、職員の皆も心が救われたような面持ちで一月一日を過ごしました。

　感染対策の一年を振り返り、いったいこの日々が私たちにとってどのような意味があるのかと考えています。みんなが楽しみにしている淡路島キャンプもなくなりました。失ったものを数えあげれば、それこそきりがありません。そして仲間たちの気持ちを思うと、悲しみが膨らんでいきます。それならば、まだ失っていないものは何なのだろうかと考えてみました。

まだ失われていないものは確かにあります。それは、人に未来への明るい希望を与える優しく温かい心です。この心があるからこそ、先の見えない現状にあって、みんなと一緒に生きていこうと思うことができます。その希望への一歩を井村さんが、元信さんが、仲間たちが私たちに与えてくれるのですから、私たちも笑顔を仲間たちに返さなければなりません。

これから先、新型コロナウイルス感染がどのようになっていくのかわかりません。けれども、たとえ感染対策の日々が続くとしても、そして失うものがさらに増え続けるとしても、私たちは心の温もりを保ち続けていこうと思います。心は保存することができる箱のようなものだからです。私は知能に障がいのある仲間たちの笑顔のうちに（その心のうちに）、人と人が手と手をつなぎ合った日々の温もりが大切に保存されていることを感じます。この温かさが保たれているかぎり、みんなで支え合って歩んでいくことができます。

人間の歴史は、「普通」とか「正義」というものを何とか定義づけようと、自ら物語を作成してきた日々でした。しかし、いったいどれだけの戦争や、土壌を蝕《むしば》む資源開発が「正義」の名のもとで行われてきたことでしょうか。そして、どれだけの差別が「普通」という名のもとに生み出されてきたことでしょうか。その中で苦しむのはいつも、社会の中で弱い立場に立たされている人たちでした。そして知能に障がいのある仲間たちでした。

コロナ禍で、悲しく容赦なく、いつもそこにあると思っていたもの、肌と肌の触れ合い、手と手の温もりが失われていきました。この温もりを守るために、私たちは自分の中の温かい心を信じ、新たな物語を編纂《へんさん》する時が来ているように思います。新たな物語とは、すべてのいのちにとっての幸福を求める物語です。

温かい心によって形づくられていく社会は、人の生命《いのち》を奪う武器や、地球を汚染し崩壊させる機器を生み出しません。そして、それは差別のない社会です。社会の中で弱い立場に立たされている方々、知能に障がいのある仲間たちの笑顔が溢れる社会です。

## 温かい心と温かい心でつながるとき

意思の疎通がとれるとは、いったいどういうことでしょうか。止揚学園の知能に障がいのある仲間たちの何人かは話しかけても、返事がなく、ただニコニコと笑っているだけです。そんなとき職員の私たちはその仲間たちと一緒に笑顔になります。仲間たちは他の人に関心がないのではなく、私たちのことを信頼してくれているので、嬉しくなるのです。意思の疎通はこの時点ですでに成立しているように思います。

仲間たちとの「共に」の生活において、私たち職員は仲間たちの垣間見せてくれる少しの仕草や表情によって、今何を求めているのか、どんなことを必要としているのかを見過ごさないように気をつけています。そこでまず必要なことは、私たち自身が心を開いているということです。それは、相手に求めるのではなくて、自らに問う姿勢です。

仲間たちが二回目の新型コロナウイルスワクチン接種をしたときのことです。接種には、

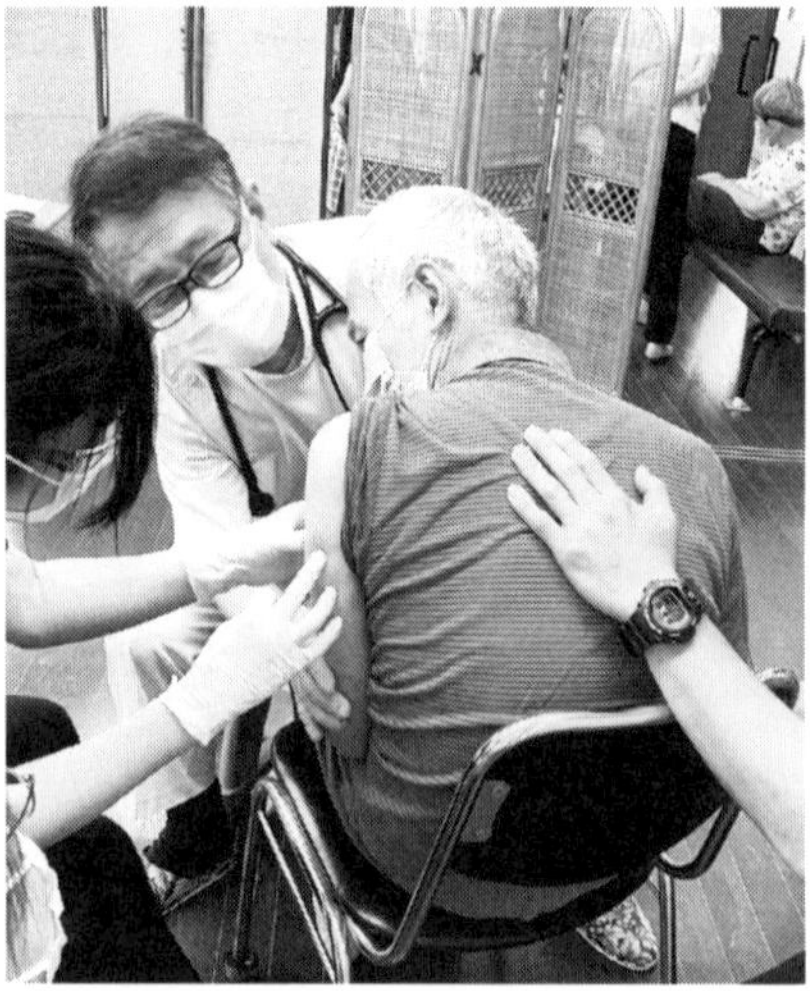

「注射じょうず？」「大丈夫ですよ」

いつもお世話になっている地域の病院の先生、スタッフの皆さんが来てくださいました。先生は接種前と後に仲間たちを診察し、優しく一人ひとりに声をかけてくださいました。

　そのときのことを思い出すたびに、みんなの心が温かくなる一つの出来事がありました。

　仲間の楓《かえで》さんの接種前に、先生が聴診器を胸にあて診察をしてくださったときでした。楓さんが、聴診器をあてられた瞬間、息を止めてしまいました。「あれ、息をしていませんね」と先生は驚きましたが、楓さんは先生のその表情を見て、嬉しそうにニコニコとしています。そして先生が聴診器を離した瞬間に溜めていた息を「ハーッ、フーッ」と、一気に吐き出したのです。決して先生を困らせようとしているわけではありません。ただ胸に聴診器をあてられると、自然とそのような行動になってしまうのです。

　病院のスタッフの方が「先生、今、息をしています」と声をかけると、先生が「大丈夫ですよ」と涼やかにサッと楓さんの息を聞いてくださいました。「元気な息ですね」との診断に、私たちも安心しました。

このやりとりの間、その場の雰囲気が和らぎ、皆の心を和らげてくれる楓さんの性格が作用し、優しい時間が流れました。それは、生命《いのち》というものへのいとおしさに包まれた時間でした。私はこの出来事を思い出すたびに、先生とスタッフの皆さんが楓さんに優しく心を開いてくださっていたことに感謝の思いに満ち溢れます。

楓さんが接種後の自分の副反応について語るのは難しいことです。私たちは、楓さんの発する信号を、それが意識的な表情や仕草であれ、無意識的なものであれ、見ていなければなりません。楓さんは意思の疎通がとれないから、と一方的なとらえ方をしてはなりません。それは生命《いのち》を放棄することにもつながりかねません。ワクチン接種後数日間は仲間たちの体温を定期的に測る等、少しでも異常がないかどうか万全の対策をとりました。その間にも病院の先生が仲間たちの容態を電話で尋ねてきてくださいました。

意思の疎通は大切なことです。しかし仲間たちとの「共に」の日々にあって最も大切なことは心の疎通です。心と心でつながろうとする人の集まりは、相手の返事が目に見える仕草や、表情で現れなくても、たとえ目に見える証拠や根拠がなかったとしても、無条件に相手を尊びます。温かい生命《いのち》へのいとおしさを感じた心にはたくさんの心がつながり、優しく疎通し合います。

昨今「本質」という言葉をあまり使わなくなりました。そして「エビデンス（根拠、証拠）」という言葉をよく耳にするようになりました。多様性が重視される現代にあって、本質という言葉は、強引にひとまとめにされてしまうイメージがあるのかもしれません。「エビデンス」という言葉は、数や図表で公正に示されるという現代の風潮に見合っているのかもしれません。けれども、そのエビデンスを受け入れるかどうかは個々に任されます。たとえば、地球温暖化の原因を人間の営みとするエビデンス、このエビデンスに対するエビデンスと、それぞれの立場で数限りなくエビデンスが存在します。今すぐに行動を開始しなくてはならないにもかかわらず、なお土壌が汚染されている現状に、事実や現実が直ちに人間を動かすわけでないことを思わされます。

エビデンスは大切です。しかし私は人間の本質とは何かと問い続けていきたいと思います。なぜなら、私が知能に障がいのある仲間たちから教えられた人間の本質とは、もっとおおらかで、優しいものだからです。それは、人間が心と心でつながる存在であることを示しています。温かい心と温かい心でつながったとき、人は無条件に相手の生命《いのち》を大切にする行動を始めます。

人が大切なことに気づかされるのは、必ずしも根拠や証拠があるときではないのです。

楽しいドライブ!!

止揚学園ではコロナ禍の時も、少人数でよく琵琶湖にドライブに出かけました。仲間たちは車が大好きです。普段マスクを着けると、すぐにはずしてしまう人も、車の中ではマスクを着けたままでいてくれます。車に揺られ、自然に包まれ、いつのまにか時間の流れさえ忘れてしまうのかもしれません。車窓からの景色は美しく、ニコニコ笑顔の仲間たちを見つめながら、人と人がマスク越しにではなく向き合える日が来ることを祈らずにはいられません。

そのとき私には仲間たちの祈りも一緒に聞こえてきます。それは、自分たちのことだけでなく、すべての人々の悲しみ、苦しみに心をつなげようとする仲間たちの笑顔のうちの祈りでした。私はどんなときにも心をつなげてくれる仲間たちの笑顔に包まれ、自分もまたそうあるべきだと気づかされます。そして、コロナ禍にあっても、湖畔において私たちの意思と意思が通じ合っていることを感じます。

琵琶湖畔にて　のんびり ゆっくり

# 優しい思い出は未来を照らす

止揚学園で感染対策を始めて二年以上が経ちました。その間、新型コロナウイルス感染によって悲しみのうちにある方々、苦しみのうちにある方々のことを心に覚え、祈りつつ、知能に障がいのある仲間たちとともに歩んできました。それは、生命《いのち》と真剣に向き合った日々であり、生命《いのち》の尊さを深く感じた日々でもありました。

去年の夏、仲間の真子さんが誤嚥性肺炎《ごえんせいはいえん》を起こし、入院することになり、主治医から胃ろうの手術を受けたほうがよいという旨のお話がありました。胃ろうとは、手術をして直接胃に管を装着し、それを通して栄養を注ぎ込むという食事の仕方です。五年前にも胃ろうにするかどうかを検討しなければならないことがありました。そのときは何とか口から食べることを続けることができました。職員が真子さんに、時間をかけて少しずつお箸で食べ物を口元に添えていくという方法で五年間、祈りながらやってきました。

みんなでおにぎりを囲んだコロナ前のお花見

ところが、今回は嚥下《えんげ》機能がさらに低下してきていることもあって、真子さんにとってどうすることが最も心豊かに過ごしていけることなのかと考える日々が続きました。

　真子さんは五十年前に止揚学園へ入園しました。優しく流れる歳月のうちに、真子さんのお父さんお母さんは召天し、今、止揚学園の小高い丘にある納骨堂に入っておられます。ご両親の生前の願いは、自分たちの亡き後は真子さんがいつまでも安心して止揚学園で暮らしていくというものでした。お二人が今日も優しい笑顔で納骨堂から真子さんのことを見守っていてくださることを信じながら、私たちは真子さんのお兄さんと、今後のことを話し合いました。

　お兄さんが胃ろうの手術を決断されたとき、私たちは、真子さんのご家族がこれまで止揚学園に寄せてきてくださった温かい信頼の気持ちを思い起こしました。それで、どんなことがあろうとも真子さんとともに歩んでいこうという思いを新たにしました。そして、真子さんが子どものころから一緒に食卓を囲んできたのは、それこそ私たちであることを思って、どこからともなく強い力が湧き出てきました。

毎年、春にはお花見に出かけ、大きなおにぎりを真子さんと一緒にいただきました。夏にはキャンプで大きなスイカを、秋には裏山に実る栗で栗ご飯、クリスマスには一緒にチキンをいただきました。

私の記憶の中にある子どもたち。その中に真子さんがいて、私がいます。そして知能に障がいのある仲間たちがいます。みんな一緒に笑顔で食事を美味しくいただいていました。子どもたちの周りには職員の皆も、真子さんご家族の皆さんも一緒です。

私の父と母が止揚学園の職員であったため、私は止揚学園で生まれ、知能に障がいのある仲間たちとともに成長しました。あの当時の記憶の中の大半の人たちが今日も止揚学園で共に生活しています。

共に生きるとは、長い時間を一緒に過ごしたということではなく、どれだけ共有できる優しい思い出を作ってきたかということです。思い出は過去を振り返ることです。とはいえ、それは後退を意味するものではありません。前進していくために、思い出という道しるべが指し示す方向を再確認することです。

一人ひとりに寄り添って（真子さんの周りには笑顔がいっぱいです）

今、止揚学園の私たちは再確認された人生の旅の途上にあります。新たな食事の仕方を始めることになる真子さんと私たちはこれから様々なことを経験するでしょう。経験は次の瞬間に思い出となります。その新たな道しるべが未来への明るい希望を指し示していることを胸いっぱいにし、祈りつつ、真子さんとともにみんなで歩んでいくことを決意しました。

真子さんにはてんかん発作があり、そのための薬を服用しています。止揚学園のような入所施設では、胃ろうでの食事の際に栄養だけの注入であれば、看護師資格をもたない職員でも、公的、専門的研修を受けて承認されれば可能です。けれども、薬を胃ろうによって注入することは医療行為となるため、看護師の資格が必要です。止揚学園には牧さんという看護師の女性がいます。そして現在もう一人、いつも私たちがお世話になっている病院を退職された看護師さんにもお願いしています。

　真子さんが退院してきて初めての食事の日のことです。胃ろうでの食事を終えると、真子さんは大きなあくびをし、満足そうに、気持ち良さそうにすやすやと眠りに就きました。そして私たちの周りに穏やかな時間が流れました。それは、真子さんの満足そうなその表情が、あの時の表情と同じだったからかもしれません。あの時とは、大きなおにぎり、スイカ、栗ご飯、クリスマスのチキンを一緒にいただいた時のことです。そして、真子さんの気持ち良さそうな大きなあくびが、温かい生命《いのち》から湧き出ているように感じたからかもしれません。


　生命《いのち》は人間の時間や空間を超えたところにあるように感じます。そして祈りもまた時間や空間を超えて、生命《いのち》に届くのではないかと思うのです。

　私は、コロナ禍もコロナ後も止揚学園の知能に障がいのある仲間たちとの生活の日々にたくさんの優しい思い出を作っておきたいと願っています。優しい思い出を憶えているのは身体の器官の一部ではなく、温かい生命《いのち》ではないかと、仲間たちの笑顔に包まれるたびに思います。

# 人を信じることの強さ

新型コロナウイルス感染の世界的な広がりの中で、私たちは不要不急の外出を控えなくてはならなくなりました。昨今でも外出時での感染意識はもち続けなければなりませんが、ここ数年の夏は、感染のためだけでなく、異常気象によって生命《いのち》の危険に及ぶ猛暑日もあって、外出を控えたほうが良い日も出てきています。

そして戦争が起こりました。先日テレビのニュースで、いつ核戦争が起こるかわからないということで、核シェルターの設置のことが取り上げられていました。戦争は遠い国のことではありません。もしかして閉ざされた空間の中だけで生活しなくてはならない日が近いのではないかと不安を覚えます。

この何年かを振り返ってみても、新型コロナウイルス、環境破壊による災害、そして戦争で、どれだけの方々の悲しみと苦しみの表情を見てきたことでしょうか。知能に障がいのある仲間たちとともに心から願っている、安心して生活していける日は先送りされつつあるような気がしています。

最近は、コロナ感染前の日常に戻ることはできないと、ニューノーマル（新しい常態）という社会の方針が言われるようになりました。世界的な未曾有の危機的事態の中、感染を防ぐため、外出、三密を避けるテレワークや、オンラインでの会議や研修、授業が奨励されました。

しかし、止揚学園での知能に障がいのある仲間たちとの直接的な触れ合い、身体的な面、心の面での支え合いが必要な生活の場にあっては、テレワークやオンラインの奨励はかなり距離のあるものです。それで、今ここで私たちができること、なすべきことをするしかないという決意のもと、一生懸命に仲間たちと共に歩んできました。

本来なら、人間の生命《いのち》を守る手段としての「ニューノーマル」のはずです。けれども不思議です。

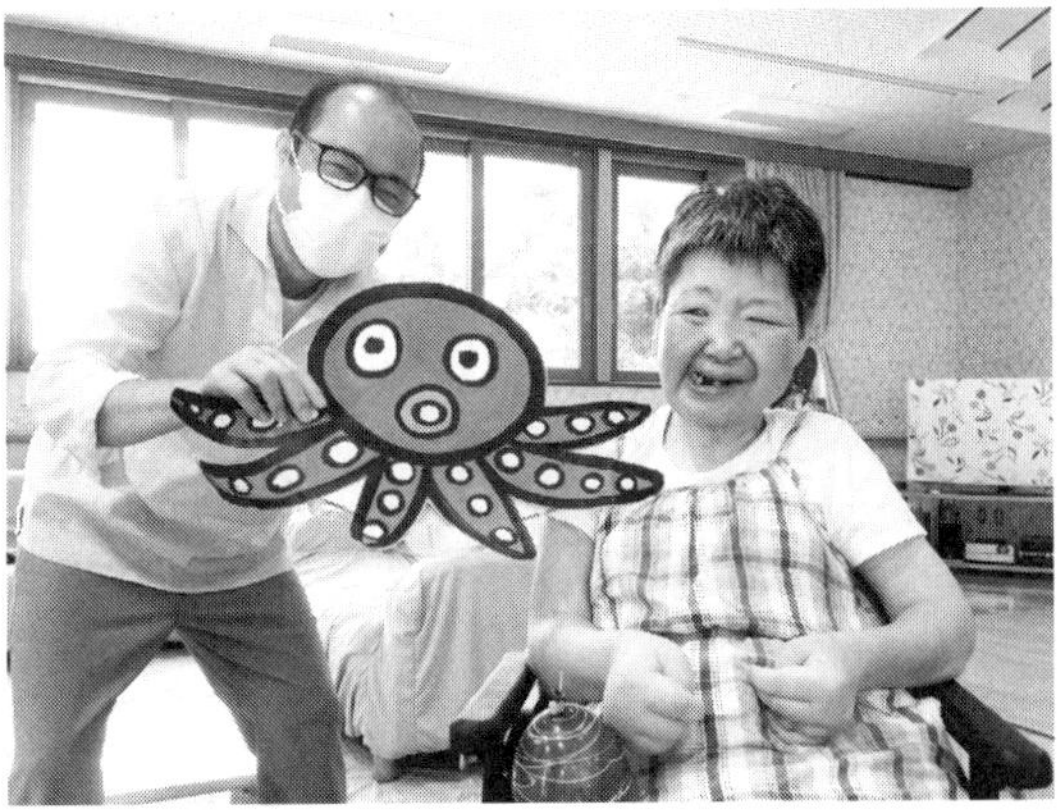

大きなタコさんが釣れました

世界中の人がオンラインを通してつながることが可能となり、これまでに言われてきた理想的な世界へ急速に近づいたのかというと、それとまったく正反対の、人間の生命《いのち》を奪い合う戦争が始まってしまいました。回線で人と人がつながることができても、心と心はつながらないのです。

最近、「福祉の仕事のメリットとデメリットについて教えてください」とよく質問を受けます。そしてこうした質問は、経済性、効率性の観点からのものが多いのです。けれども、福祉の仕事は 人間が生きることに直結するものです。生きることをメリットとデメリットだけで線引きしてしまうことに私は違和感を覚えます。それに、私にとってのメリットは、相手にとってはデメリットになることもあるでしょう。その反対もあるでしょう。私がしんどいな、大変だなと思うことが、相手の喜びにつながることがあり、それが私の喜びにつながって、笑顔になることもあるのです。

ところが、現代社会ではこのようなとらえ方を過去のものとすることが多いようです。速攻性や結果が重視される現代にあって、私たちは人間が生きていくうえで大切なものを失くしてしまったのではないでしょうか。コロナウイルスが変異していくように、人間もまた変異してしまったのでしょうか。

これからの社会にはテレワークやオンラインは確かに不可欠で、これらはさらに拡大していくでしょう。けれどもそれとともに、人は手と手をつないで、互いに生命《いのち》の鼓動を感じ、現実の世界の住民であるということをもっと意識する必要があると思います。

夏だ!!　プールだ!!

　この現実の世界には、ウイルスも環境破壊も戦争も存在します。数えきれない人々の、歳を重ねた方々の、子どもたちの、障がいのある方々の、社会の中で弱い立場に立たされている方々の悲しみと苦しみがあります。それでも、これらの苦悩に背を向けることなく、必死に温かい生命《いのち》を守ろうと、優しい笑顔を守ろうと、苦しみ、悲しむ人々と一緒に歩む人たちもいるのです。

　知能に障がいのある仲間たちの生命《いのち》は何ものにも代えられないと、止揚学園ではできるかぎりの感染対策をしてきました。感染拡大から数年が過ぎ、今、日に日に痛切に感じることがあります。この日々に仲間たちはたくさんの出会いの機会を奪われましたが、その仲間たちの笑顔の中で感じることがあります。それは、人間には人間が必要なのだということ、人間はそのようにつくられているということです。仲間たちの笑顔から、自分の生命《いのち》を自分で守る強さではなく、武器を持つための強さでもなく、人を信じることの強さを教えられます。そして、その笑顔のうちから、人間が決して失ってはならない平和への祈りが聞こえてきます。その祈りは過去も現在も未来も変異することはないのです。

# Ⅱ　イエスさま、ゴメンナサイ

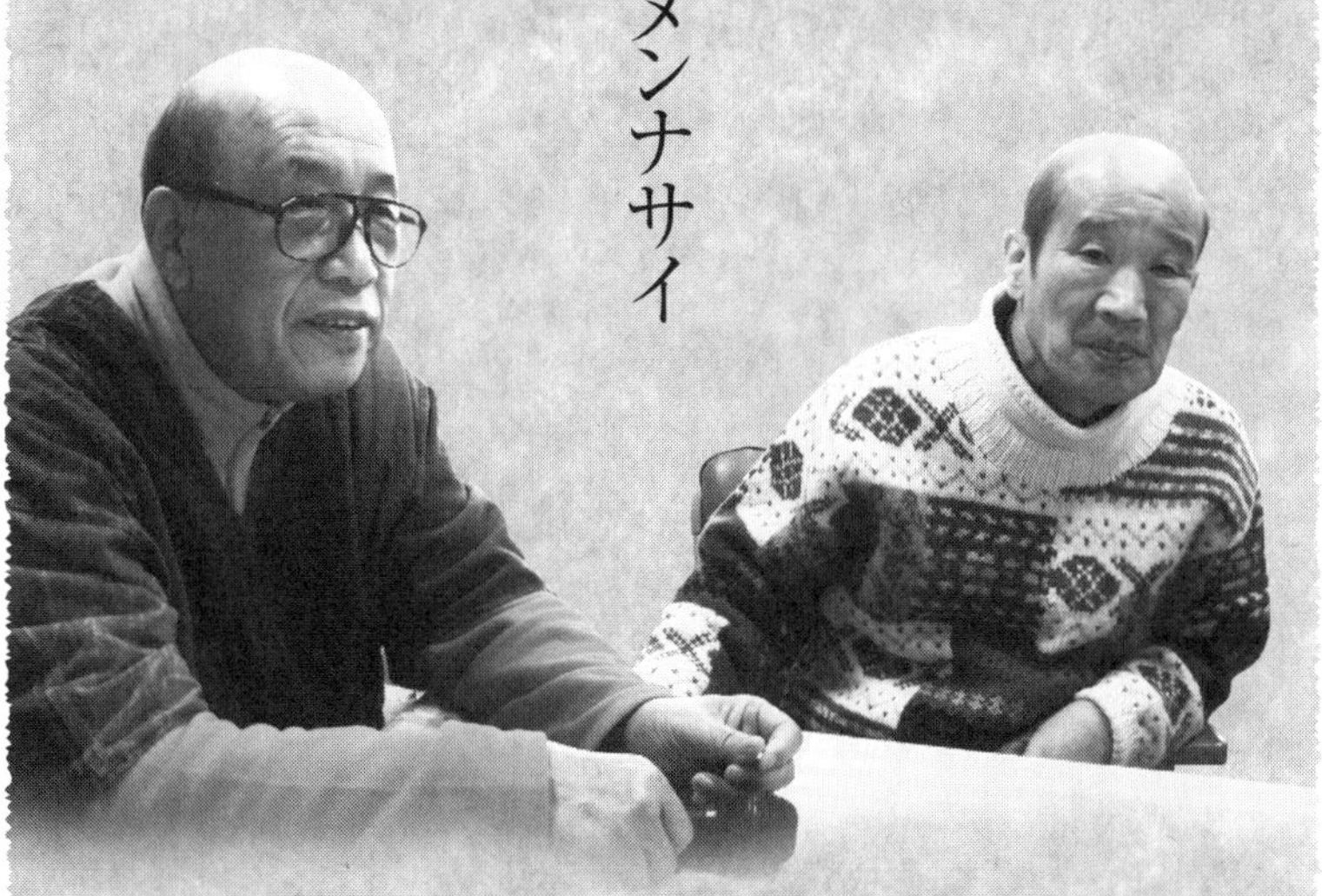

## 〈本稿について〉

　このたび、父・福井達雨と私・福井生の共著の本のご提案をいただき、父の文章をゆっくりと読み直してみました。そして、父は感じたことを文章にして表現する才に恵まれていたとあらためて思いました。あたかも父が前にいて私に話しかけているような錯覚さえ覚えました。

　また、自然に対する父の観察力の鋭さにも感服しました。

　私が子どものころ、父はよく魚釣りに連れて行ってくれました。近江は父にとって、戦時中の満州での日々を除き、人生のほとんどを過ごした地です。私の祖父が近江兄弟社に勤めていたことから、子ども時代を近江八幡で過ごしました。

　近江八幡は古い町です。町の外れには今も田んぼを縫うようにして疎水が張りめぐらされています。琵琶湖の豊かな淡水がこの環境を可能にしています。父が子どもの時には、疎水は生活に欠かせない運搬等の用途で使われていたということです。そして当時の子どもたちにとって、そこは絶好の遊び場でした。父もその一人で魚釣りばかりしていたのではないかと推測しています。というのは、驚くほど魚が隠れている場所を知っていたからです。私が子ども心にこんな小さな窪みのようなところに魚が住んでいるのだろうかと疑って見ていると、そこから大きなヘラブナを釣り上げるのです。そのときの父の得意そうな笑顔は子どものようでした。そして何の運命の悪戯《いたずら》か、私の竿に父よりも大きな魚がかかると、父はそのことを褒めるどころか、悔しがっている様子でした。そんなときには、子どもの私のほうが大人の気持ちにならなければならないと思ったことでした。

しかし、父には確かに、自然を自分の一部として見る観察力がありました。

父の文章には、神さまがそろそろ天国に呼んでくださるだろうことを予感していた記述もうかがえます。止揚学園でリーダーとして歩んできた日々の出来事はほとんど書かれていません。止揚学園の仲間たちが子どもだった日々のことと、九十という年齢のその時に見ることと思うこととを原稿用紙に鉛筆で、独特の癖のある字で、一字一字びっしりと書き記しています。

父は、知能に障がいのある仲間たちの笑顔を保とうと、仲間たちとの「共に」の日々を真剣に一生懸命に生きました。社会に向けて差別の存在について語り続けることを諦めず、そして、そのことにたくさんの方々が共感してくださいました。

それでも自らの召天の気配を感じる時にも、この世界に差別は存在し続けています。差別を生み出しているのは、障がいがないとされる自分自身なのだという父の厳しい自己認識を、六十年前、止揚学園の出発の時に優しく温かい目で包んでくれたのは、四人の障がいのある子どもたちでした。父の文章は「イエスさま、ゴメンナサイ」で終わっていますが、イエス様もきっとこの子どもたちと同じ笑顔で、父のことを包んでくださるでしょう。

一〇〇か〇《ゼロ》。今この時が一〇〇で、過去は〇、そして未来は神さまのもの。父はそういう人でした。今この時を限りなく一〇〇に近いところで真剣に生きました。だからもうあとのことは心配しなくてもよかったのです。あとのことは残された者の仕事です。召天が近づいてきた日々に、父は知能に障がいのある子どもたちの笑顔のうちに、イエスさまの笑顔も見ていたのかもしれません。

（福井　生）

# イエスさまを着る

近年は、高齢の人たちがよく湯船の中で亡くなり、いろいろな人が「風呂に気をつけてくださいよ」と私たちのことを心配し、声をかけてくださいます。その思いやりに心をホカホカとさせているこのごろです。

私は長風呂で、ときどき湯船に漬かりながらウツラウツラと居眠ることもあって、連れ合いの光子さんが心配をして、よく「生きているの」と外から尋ねてくれます。私は「ウン、生きている」と答えるのですが、この声の掛け合いも入浴の楽しみの一つです。

歳をとると、自分の生命《いのち》を守るために気をつけることがたくさんありますが、（もし私が死ぬことがあったら、入浴中やろうなあ）とよく思います。

ここで一応自分への心配は外において、このごろ、私の心を重くしている出来事を書くことにします。

先日、米国や中国の人たちが火星に探査機を着陸させて、手を叩き大喜びをしている姿をテレビで見つつ、私は皆のように素直に喜べませんでした。それは、近ごろ科学の進歩がとても速くて、（この中で地球の生命《いのち》はいつまで保てるのかなあ）という心配が心から離れないからです。

火星は、子どもの時、（頭でっかちの火星人がいるんや）と楽しい想像の星でした。しかし、今はワクワクしつつ楽しい想像を思い巡らす星ではなくなり、人間の知恵で、合理的・科学的に解明する星に変わってしまいました。そのため、米国や中国、その他の大国が、宇宙の月や火星、いろいろな星に探査機を一番に送り込もうとしのぎをけずり合っています。特に米国と中国の宇宙での争いは、（自分の国のほうが科学的に進歩し、秀でている）と人間的な栄誉や欲望に満ちていて、（宇宙の月や星を、自国のものにして、自分たちの満足を得るために、科学を進歩させているんやないかなあ）と思えてならないのです。

## 科学は愛の結晶です

地球を幸せにするために科学の進歩は必要です。否むことはできません。そして、科学は月や星を人間の我によって支配するために使うのではなくて、それらが持つ個性や尊厳を冒さないで、友好的な交わりを育てるために進歩させるものです。もし宇宙を自分のものにして好き勝手なことをする国が現れれば、地球が滅ぶことを忘れてはいけません。

そのことを聖書が私たちに、「人が誘惑に陥るのは、それぞれ、欲に引かれ、さそわれるからである。欲がはらんで罪を生み、罪が熟して死を生み出す。愛する兄弟たちよ。思い違いをしてはいけない」〔新約聖書ヤコブの手紙一章一四～一六節。口語訳、以下同じ〕と、欲は滅びをもたらすことを「思い違いをしてはいけない」と教えています。真実を伝えるのが聖書です。

科学は人間の欲のために使うものではなく、人間を幸福にする愛の結晶なのです。そして、この道程を進歩というのです。

また、ローマ人への手紙で「あなたがたは、主イエス・キリストを着なさい。肉の欲を満たすことに心を向けてはならない」〔一三章一四節〕とも言われています。「キリストを着なさい」とは、キリストのように優しい愛の心を着て生活することです。

私は、(世界各国のリーダーたちがキリストを着て、キリストを二度と十字架につけないようにしてほしいなあ)と深く祈っています。この祈りが聞かれるのはいつの日かわかりません。でも、(必ずその日は来る)という希望を捨てずに、祈り続けます。

この広い、広い宇宙の中で輝く真っ赤な太陽、夜になると謙虚にそっと顔を出す月、ピカピカ光る星、これらを支え、守るものが真の科学です。そして、それが人間の使命です。その使命が果たせたとき、私たちの住む美しい地球も、永遠に存在できるのです。「地球の生命《いのち》を大切に」 私たちが忘れてはいけない言葉です。

## 温かく彩る

作詞阪田寛夫、作曲大中恩の『サッちゃん』という童謡があります。この二人はキリスト者であり、阪田先生とは何度かお会いし、お話をしたこともあって親近感があります。そして、この童謡を歌うと、阪田先生の幼いときの姿が映ってきて、楽しくなります。

一　サッちゃんはね　サチコっていうんだ　ほんとはね
　　だけど　ちっちゃいから　じぶんのこと　サッちゃんってよぶんだよ
　　おかしいな　サッちゃん

三　サッちゃんがね　遠くへ行っちゃうって　ほんとかな
　　だけど　ちっちゃいから　ぼくのこと　わすれてしまうだろ

郵便はがき

恐縮ですが
切手を
おはりください

164-0001

東京都中野区中野 2-1-5

# いのちのことば社

出版部行

ホームページアドレス　https://www.wlpm.or.jp/

| | | | | |
|---|---|---|---|---|
| お名前 | フリガナ | 性別 | 年齢 | ご職業 |
| | | | | |
| ご住所 | 〒 | Tel.　　　(　　　) | | |
| | | | | |
| 所属(教団)教会名 | | 牧師　伝道師　役員<br>神学生　CS教師　信徒　求道中<br>その他<br>該当の欄を○で囲んで下さい。 | | |

WEBで簡単「愛読者フォーム」はこちらから!

https://www.wlpm.or.jp/pub/rd

簡単な入力で書籍へのご感想を投稿いただけます。

新刊・イベント情報を受け取れる、メールマガジンのご登録もしていただけます!

ご記入いただきました情報は、貴重なご意見として、主に今後の出版計画の参考にさせていただきます。その他、「いのちのことば社個人情報保護方針 (https://www.wlpm.or.jp/about/privacy_p/)」に基づく範囲内で、各案内の発送などに利用させていただくことがあります。

# いのちのことば社＊愛読者カード

本書をお買い上げいただき、ありがとうございました。
今後の出版企画の参考にさせていただきますので、
お手数ですが、ご記入の上、ご投函をお願いいたします。

| 書名 | |
|---|---|

## お買い上げの書店名

町
市　　　　　　　　　　　　　書店

## この本を何でお知りになりましたか。

1. 広告　いのちのことば、百万人の福音、クリスチャン新聞、成長、マナ、
信徒の友、キリスト新聞、その他（　　　　　　　　）
2. 書店で見て　3. 小社ホームページを見て　4. SNS（　　　　　）
5. 図書目録、パンフレットを見て　6. 人にすすめられて
7. 書評を見て（　　　　　　　）　8. プレゼントされた
9. その他（　　　　　　　　）

## この本についてのご感想。今後の小社出版物についてのご希望。

◆小社ホームページ、各種広告媒体などでご意見を匿名にて掲載させていただく場合がございます。

◆愛読者カードをお送り下さったことは（　ある　初めて　）
ご協力を感謝いたします。

**出版情報誌　月刊「いのちのことば」年間購読　1,380円（送料込）**

キリスト教会のホットな話題を提供!（特集）
いち早く書籍の情報をお届けします！（新刊案内・書評など）

□見本誌希望　　□購読希望

さびしいな　サッちゃん

歳をとり、このごろなぜか、幼い時のことがよく心によみがえってきます。

私の幼児期、近所に同い歳のめみちゃんという女の子がいて、その父親は近江兄弟社（株式会社）の社員でした。

そのめみちゃんと幼稚園の行き帰りはいつも一緒で、かくれんぼ・おにごっこ・マリつき・なわとび・ままごと等よく遊びました。ままごとの時はめみちゃんがお母さん、私がお父さん役をしていたことを懐かしく想い出します。

めみちゃんは結婚後、東京に行き、十年ほど前、癌で亡くなりましたが、この遊びのことを想い起こすと、めみちゃんの幼い時の姿がそのまま目の前に現れてきます。そんなとき、作詞者・作曲者に悪いのですが、サッちゃんの歌を、「メミちゃんはね　メミコというんだ　ほんとはね　だけど　ちっちゃいから　じぶん

みんなイキイキ　ランラン

のこと　メミちゃんと呼ぶんだよ　かわいいなあ　メミちゃん」と替えて口遊《くちずさ》み、（めみちゃんもイエスさまのそばで僕のこと忘れんと聞いてくれたはる）とひとり悦に入っている私です。

童謡は、私にとって人生の始まり（幼児期）の楽しい、悲しい、寂しい想い出を、美しく、温かく彩り、その見えないものを人生の終わりまで持ち続けさせてくれる温もりの歌なのです。

# 神さま、してくれはる

夫婦で道端に咲く色とりどりの可憐な花に目を輝かせ、梢でさえずる小鳥の姿を追い、ゆったりと散歩をしていると、畑仕事のおばあさんや、家の前に佇む女性がよく声をかけてくれます。話が弾み、私の歳を問われ、「八十九歳です」と答えると、驚いたように、「顔がツヤツヤし、声が若くて、そんな歳には見えないですね」と言われ、嬉しくなって私がニコニコすると、相手もニコニコ、その場が笑いに包まれます。

「若い」と言われると気持ちが良くなりますが、このごろ歩くのがゆっくりになり、手紙や原稿も昔のようには早く書けなくなってきました。このように、総《すべ》ての行動が以前より時間がかかり、自分でも（老化してきたなあ）とよく思います。

しかし、このゆっくりは、歳をとればだれもがもつ自然の姿です。

近ごろ、私はこの姿を（神さまが、「時が来れば私のそばに招くから、その日が来るまで、老いの人生を楽しみながら、ゆっくりと歩いてきなさい」と言ってくれたはるんやなあ、そやからゆっくりしたらよいわ）と自分に言い聞かせています。私たちが老化し、動きが遅くなってくることは、（若い時はだれにも負けへんほど動いていたのに、退化してきたなあ）と嘆くことではなく、豊かな老後を与えてくださっている神さまの恵みなのです。「神さま、ありがとう。アーメン」と感謝することなのです。

老化を「神さまの恵み」と感謝するか、「人生の悲哀」と嘆くかにより、老後を生きることが明るくも暗くもなります。旧約聖書のヨブ記にある「老いた者には知恵があり、命の長い者には悟りがある」（一二章一二節）という御言のように、老人に与えられた知恵と悟りを大切にして、残りの人生を迷わず、明るく歩んでいきたいものです。

## 弱い私でも

さて、このごろテレビでミャンマーの国軍兵士が、容赦なく無抵抗な市民や子どもを銃で撃つ残酷な映像をよく目にするようになりました。そのたびに、（人間はなんでこんな非情なことができるんやろう。同じ人間としてつらいなあ）と胸がキューンと痛くなります。テレビに映るミャンマーの国軍兵士の非情な姿に、強い反発をもちながら、（人間は、非情という感情を自分の力でなくすことはできへんのやろうか）と考えると、心が重くなってきます。そして、何もできない無力な自分がそこにいて、悲観がドンドンと募ってきます。そんなとき、フト心に過《よぎ》ったことがありました。

その日、教会で日曜礼拝を終えた帰り路、知的障がいのある清子さんが

「私、よう喧嘩するけど、今日からやめるわ」

と語りかけてきました。

「ほんまか。喧嘩好きな清子さんがやめられるかなあ」

と疑う私に、彼女が

「やめられるわ。神さま、してくれはるもん」

ときっぱりと言いました。

清子さんは礼拝で「御霊もまた同じように、弱いわたしたちを助けて下さる」という新約聖書の御言（ローマ人への手紙八章二六節）からの説教を聞いて、（弱い私でも神さまが助けてくれはったら、喧嘩がやめられる）と信じたのだと思います。私は、（その清子さんを疑った僕は）と深い恥ずかしさを感じていました。

人間のもつ非情は、自分の知恵や力ではなくせないものです。でも、「神さま、してくれはる」と言った清子さんの言葉のように、神さまの助けがあれば、なくせない非情でも、抑えることはできると思います。私は清子さんの言葉を心にして、自分のもつ弱さをしっ

かりと抑え、非情な行動をしている人たちに、「やめようよ、神さまが泣いたはる」と、空しくても訴え続けていきたいのです。

## 仲間と平和を創る

『大きな栗の木の下で』という歌があります。

一　大きな栗の木の下で
　　あなたとわたし
　　たのしく遊びましょう
　　大きな栗の木の下で

私は（この歌を日本の童謡や）と思っていましたが、英国の民謡で作曲者・作詞者は不詳です。日本語の訳詞は一番が平田正於、二番と三番が阪田寛夫と言われています。ここには一番の詞だけを記しました。

大きな栗の木の下で

この歌は中高生のキャンプや、集会前によくうたったものです。身振り、手振りをつけて、皆で元気よくうたっていると、出会ったことのない、今まで知らなかった一人ひとりが、いつのまにか心を一つに合わせて、仲間になっているのです。そして、そこに笑いの溢れた平和の場が開花しています。

この「大きな栗の木の下で」は単純な歌です。歌詞も難しくなく、だれでもがわかる言葉が並んでいます。でも、仲間を創り、平和を育てる力をもった素晴らしい歌なのです。

この歌をうたっていると、(この作詞者はきっと栗が好きやったんやなあ) とか、(自分の家の庭に大きな栗の木が立っていて、心に残っていたんやろうか) 等、いろいろなことが心に浮んで楽しくなってきます。また、(もしも、そこにりんごの木が立っていたら、「大きなりんごの木の下で」という歌になっていたんやろうなあ) と、こんな取りとめのないことを思い巡らせながら、「大きなりんごの木の下で」と、どら声を張りあげてうたい、ひとり悦に入っている私です。

この歌は本当にうたいやすく、だれでもがすぐうたえます。そして、うたっていると、心が盛り上がってきて、生きる喜びを感じさせます。(こんな童謡がこれからも、いっぱい、いっぱい創られてほしいなあ。そしたら、子どもたちが幸せになるやろうなあ) と「大きな栗の木の下で」をうたうたびに思う私です。

## お寺の鐘の音《ね》

近くの山から朝な夕なにゴオーン、ゴオーンと梵鐘《ぼんしょう》の音《ね》が響いてきます。朝は寝床で夢現《ゆめうつつ》に聞いています。夕方は山が黒ずんできて、周囲が夕焼けで赤く染まると、鐘が鳴り始めます。その音が美しい夕景の中を波のように揺れて耳に入ってきます。鐘が鳴り終わるまでのわずかな時、心が洗われる思いになり、そこに静かに自分を見つめる私がいます。

さて、この鐘を撞《つ》く和尚さんは仏教的な大らかさの持ち主で、私がキリスト者であると知りながら、親しく付き合ってくださっていました。

あるとき、和尚さんを訪ね、

「毎日撞いたはる鐘の音が美しく、優しくて、聞くたびに気が静まります」

と話すと、

「ほんまに嬉しいなあ。私は皆さんの幸せと健康を念じ、念仏（仏さまの名をとなえ祈ること）を唱え、心を込めて、毎日撞いています。鐘の音《ね》は仏さまの声ですから」

と笑顔で喜んでくださいました。

私は「鐘の音《ね》は仏さまの声」という和尚さんの言葉が心に迫りました。そして、（そうか、僕が聞いていた鐘の音《ね》は神さまのみ声やったんや。そやから、その音《ね》を聞くと、自分のしたことを内省させられたり、慰めや癒しが与えられたりしたんやなあ）と和尚さんから大切なことを教えられ、感謝が湧き上がってきました。

見えないものをいっぱい与えてくださった和尚さんも今は、仏さまのそばに逝かれました。あの静かな梵鐘の音《ね》を聞くことも、あの柔和な笑顔に接することもできなくなりました。寂しいことです。

でも、今も私の心の中には、「鐘の音《ね》は仏さまの声」という言葉が、深く残り、いつまでも消えることはないのです。永遠に。

「神の言《ことば》（音《ね》）は生きていて力がある」〔ヘブル人への手紙四章一二節〕、「主の言葉は、とこしえに残る」〔ペテロの第一の手紙一章二四節〕と聖書は語っています。

## 音《ね》と音《おと》

先日、新聞で、このごろ「喧《やかま》しくて、赤ちゃんが寝ない」「飼っている犬が朝早く鐘につられて遠吠えをし、近所に迷惑をかける」「うるさくて寝られない」等の理由で「鐘を撞かないように」という抗議があちこちで起きて、お寺が困っていることを知りました。鐘の音《ね》を「神さまのみ声」ととらえている私は驚きとともに、（ここまで人間の神離れが進んできたのか、現代人は鐘の響きを音《おと》と聞いて、音《ね》（神のみ声）と感じる人が少なくなってきているんやなあ）と、なんとも言えない寂寞感《せきばくかん》に襲われました。

辞書によると、音《おと》とは耳に聞こえる響きのことで、心に訴えてくる気持ちよき音色は音《ね》と記されています。鐘の響きを音《おと》として聞いている人たちには、個の権利を侵して、自分の生活を邪魔する喧しいものとしか考えられないのだと思います。私は、（このような合理的な考え方で生活をしていると、心の潤いや、温もりをなくして、侘しくならへんかなあ）と心配になります。

このごろ、歳をとったせいか、（心から潤いや、温もりが消えてしもたら、ただ息をして生きているだけという、空しくて、つまらない一生になってしまうなあ。あとわずかしか残ってへん人生や、干涸《ひから》びんと瑞々しさが溢れた生き方をせんとあかんわ）と、よく思うようになりました。「瑞々しいもの」、それは心に豊かなものが満ちないと育ちません。心の豊かさと瑞々しいものは切り離すことのできないものです。

さて、「心を豊かにする」と口で語ることは簡単です。でも、実際に自分の力で育てることは難しいものです。そのとき聞こえてくるのは、「イエスさまに心を豊かにすることを願い、支えてもろたら」という囁《ささや》きです。「困るとすぐ神さまに逃げこむ」と呆《あき》れられても、私はイエスさま抜きでは「瑞々しいもの」はもてない人間なのです。

## 満天の星が

さて、山のお寺の鐘の音を聞いていると、作詞・中村雨紅、作曲・草川信の童謡『夕やけ小やけ』が浮んできます。

一　夕焼け小焼けで　日が暮れて
　山のお寺の　鐘がなる
　お手々つないで　皆かえろ
　烏といっしょに　帰りましょ

二　子どもが帰った　後からは
　まるい大きな　お月さま

ゴオーン ゴオーン皆かえろう

小鳥が夢を　見るころは
空にはきらきら　金の星

この詞を読んでいると、小さなころ、夕暮れ時まで遊びに夢中になり、「明日、また遊ぼうなあ」と皆と約束しながら、（お母ちゃんに怒られるわ）と慌てて家に帰ったことが鮮明に心によみがえってきます。

けれども、この童謡にうたわれている懐かしい風景は、このごろすっかり様変わりをしてしまいました。例えば、近ごろの鳥は幽雅《ゆうが》ではなく、池の小魚を捕らえ、庭の野菜、果実は食い荒らす。（鳥と一緒に帰りましょ）と、この詞のような大らかな気持ちなど起きようがありません。

夜の空。以前は天の川、北斗七星、北極星、私の大好きなくっきりとダブル（W）に輝く星座カシオペヤ等、満天の星がどこからでも見え、いつまで見ていても飽きませんでした。しかし、このごろは電気が明るく、星はほとんど見えず、特定の場に立たないと、きらめく星には出合えません。

こうして童謡にうたわれている風景や、私の子ども時代にあったものが、今、たくさん消え、なくなっていきます。

この現実にさらされながら歩んでいる現代の子どもたちには、(私がうたっていた童謡は、理解できない光景や言葉がいっぱいあるんやろうなあ)と思いながら、(このことを嘆いてばかりいんと、僕の幼い時にもった体験を、子どもたちに熱く、静かに語り続け、心を揺り動かすのが、高齢になった僕の役割やあらへんのかなあ)と感じ、心を奮い立たせている私です。

# 蜘蛛《くも》と遊ぶ

寝室に、ハエトリグモの一種と思うのですが、一匹の黒い蜘蛛が住んでいて、よく姿を見せ、チョコチョコと忙しそうに部屋の中を歩き回ります。ときどきじっとするのですが、手を近くにもっていくと、慌てて隙間に隠れます。でも、丸見えです。そのおかしな姿に、(だれにも見えてへんと思っているんやろうなあ)と自然に顔がほころびます。

「夜に蜘蛛を見ると験《げん》が悪い」と言いますが、この蜘蛛はお構いなく、朝でも夜でも気の向くままに訪ねて来ます。そして、チョコチョコチョコチョコ。その様を見ていると、いつのまにか「新型コロナ」疲れが癒されます。

さて、蜘蛛に触発され、思い出したことがありました。私が初めて働いた福祉施設に、ときどき四つん這いで歩いたり、腹這いになって手足をバタバタさせたりする信ちゃんという男の子がいました。彼には重度の知的障がいがありました。

その日、「バタバタ行動」をしている信ちゃんに声をかけました。

「何をしているんや」

「ぼく、蜘蛛になった」

と一言。信ちゃんはまたその行動を続けました。あとは何を言っても見向きもしません。一心不乱に蜘蛛になっている信ちゃんなのです。

このようなとき、（なんで彼は蜘蛛になりたがるんやろう）と考えても、その理由がわかりません。仕方なく、（これは信ちゃんの個性や。癖なんや。彼の過去に蜘蛛に関わる何かがあったんやろうなあ）と思って、疑問を封じ込めることにしました。

このごろ、私は蜘蛛と楽しく遊んでいて、（信ちゃんが蜘蛛になったのは、皆を楽しく、明るくさせたかったのかなあ）とフト思うことがあります。「蜘蛛の信ちゃん」と呼ぶと、信ちゃんが大喜びをし、輝いていた顔が大きく浮かんでくる今です。

くもさん　ことりさん　あそぼうよ

## 蜘蛛が可哀相や

蜘蛛は今から三〜四億年前の古生代に現れましたが、昆虫類ではなく、サソリの仲間です。世界には約四万五千種、日本には約千三百種が生息しています。夜など、蜘蛛が部屋の中を歩き回っているのを見て、「不吉なことが起きるよ」とか、「気味が悪い」とか言う友人たちがいますが、蜘蛛はなぜか、あまり人間に好まれていないようです。蜘蛛と遊ぶ私には悲しいことです。

（聖書に「蜘蛛」という言葉があるかなあ）と調べると、旧約聖書のヨブ記には「くもの巣」という言葉が二回出てくることがわかりました（八章一四節、二七章一八節）。しかし二回とも、「彼の建てる家は、もろくて頼りなく、すぐ潰れる」ということで使われていて、良い意味ではありません。ちなみに「むし（虫）」を調べてみましたが、旧約聖書に九回、新約聖書に三回出てきます。しかし、ほとんどがあまり良い意味に使われていないのです。

私に、（旧約聖書の創世記に、地に這う「蜘蛛」や「むし」は神さまが創らはった生き物やと書いてあるのに、聖書での扱い方はあまりにも可哀相や）と同情の心がフツフツと沸いてきました。蜘蛛は害虫を食べて、私たちを助けてくれます。また、そのユーモラスな姿で私たちの心を和ませ、人間によく尽くしてくれてもいます。このように困らすことはあまりしない蜘蛛たちです。「不吉」とか「気味が悪い」とか言わないで、もっと愛し、可愛がってやってほしいものです。

今朝も蜘蛛が寝室を訪ねて来てくれました。「蜘蛛さん、おはよう」と声をかけると、蜘蛛は立ち止まり、私のほうを見ていましたが、しばらくすると、チョコチョコ忙しそうに歩きはじめました。私はその姿に「今日は何か良いことがあるぞ」と呟き、寝台から飛び起きました。

朝の太陽が窓をサンサンと照らしていました。

## ピピピ　ピチクリピイ

（「蜘蛛の童謡」はあらへんのかなあ）と、いろいろ歌の本を探してみましたが、見当たりませんでした。（どうしようかなあ）と迷っていると、開けていた窓からチュンチュンと雀のさえずりが耳に入ってきました。（そうや、蜘蛛の代わりに小鳥にしよう）とホッとしつつ、しばらく雀の楽しそうな鳴き声に聞き入っていました。

小鳥の歌（作詞・与田準一、作曲・芥川也寸志）

一　小鳥はとっても　歌がすき
母さん呼ぶのも　歌でよぶ
ピピピピピ　チチチチチ　ピチクリピイ

二　小鳥はとっても　歌がすき
父さん呼ぶのも　歌でよぶ
ピピピピピ　チチチチチ　ピチクリピイ

幼い子どもでもすぐにうたえる、単純な歌です。それでいて、可愛らしく、楽しくしてくれる歌です。

「ピピ　チチ　ピチクリピイ」とこの歌を元気よくうたっていると、「私のお母ちゃん、お父ちゃんはだれもがうらやましがるぐらい仲良しなんや。そやから、子どもの私たちもみな仲が良いんやわ」「大好きなお父ちゃん、お母ちゃん早よう来てえなあ。僕たちと一緒に歌を唱おうなあ」と、こんな子雀たちの会話が聞こえてくるようです。

童謡は過去にあった想い出を今にかえしてくれたり、自分が追い求めているものをいろいろと今に作り、育ててくれたりします。この「小鳥の歌」は短い言葉の繰り返しですが、その中に子どもの夢が、追い求めているものが、どんなにたくさん入っていることでしょうか。私は数限りないものを感じます。

子どもの精神生活に深い影響を与えて、夢を満足させる。そして、歳をとった私たちを慰め、癒す童謡は、豊かな人間形成になくてはならないもの、無二なのです。

# 失望のない山路を

昨年の十一月、新聞に、近江八幡休暇村で町の歴史を紹介した「近江八幡の玉手箱」という料理が作られ、その中にメレル・ヴォーリズ、満喜子両先生が関係されたものも入っているると掲載されていたので、さっそく休暇村に電話をしました。けれども、「十五人以上の団体でないと用意ができません」との返事。残念でした。しばらくして、『湖畔の声』の十一月号が送られてきて、その中の「近況ろく」欄に藪さんが料理のことを写真入りで詳しく書いておられ、写真を見ながら（オイシイそうやなあ）と楽しく、食べた気持ちになっている私でした。

さて、昨年は「新型コロナ」も三年目を迎え、（今年こそはコロナの幕を閉じてほしいなあ）と願ったかいがあって、年末になり、理由はわかりませんが、日本の感染者がやや減少し、ホッとしました。ところが、このホッとも早すぎたようです。突然十一月ごろから、海外で感染力の強い、ワクチンもあまり効かない「オミクロン株」という新しい変異株が生まれ、厄介なことに感染が拡大し、日本をはじめ、いろいろな国が防止対策に必死の現状です。コロナの恐ろしさはウイルスを抑えたと思っても、また新しく変異したものが、前よりも強い力をもって私たちを侵してくることです。こうしてコロナは終わることなく、拡大が進んでいきます。

これを機に私たちは、人間の知恵や力では対抗できないという弱さを知り、謙虚になって、コロナ対策を見直す必要があります。そして、「コロナ禍」とコロナを「わざわい」と冷たく見て撲滅することばかりを考えるのではなく、共存することも模索する必要を感じます。(コロナが私たちの生命《いのち》を奪う恐ろしい病ではなく、風邪のような一般的な病に変わる日が必ず来る)と私は確信しています。

## 好き嫌いでなく

さて、昨年はパラリンピック・オリンピックをはじめ、いろいろなスポーツ大会があり、野球で米大リーグでの大谷翔平選手の活躍、大相撲での照ノ富士の二場所連続の全勝優勝等でスポーツの花盛り、コロナの暗さを吹き飛ばしてくれました。

テレビで見ながら選手たち一人ひとりの努力、そのひたすらな姿に、心を動かされました。しかし、私たちの感情を盛り上げようとするアナウンサーの激しい大きな声に、（これは放送やあらへんわ。騒音や。もう少し静かに聞いたり、考えたりすることができるよう語ってくれへんかなあ）と心落ち着かない時でした。

さて、昨年、心に残った一つに衆議院議員選挙があります。私は（与党と野党の議員数が大きく開くことは良くないことや。今度は立憲民主党が議員数を増やし、今までより自民党との差を縮めてくれるやろうなあ）と期待していました。ところが、結果は立憲民主党の大敗、議員数まで減らし、自民党が絶対多数を取りました。これでは与党（自民党、公明党）が権力者になり、少数側、弱い側の意見は抹殺されて、与党の思うがままの政治がなされ、民主的な政治はどこかに行ってしまいます。

民主的な政治には、与党と野党の議員数があまり開かないことが理想です。選挙の時、その党や立候補の好き嫌いでなく、（国とは、政治とはどうあるべきか）をよく考えて投票したいものです。

「軽石」の報道も昨年の驚いたニュースの一つでした。海底火山の爆発で生まれた軽石が、沖縄やその他の港に流れつき、船も動かせず、漁もできなくなってしまいました。テレビのニュースで見るかぎり、恐ろしいほどの軽石の量です。人間ではどうにもならない自然の力の恐ろしさを、再び知らされた時でした。

## 世を去るべき時はきた

（僕の心境を歌ってくれているなあ）と心引かれる讃美歌があります。

一　夕日はかくれて　道なお遠し、
　行末いかにと　思いぞ煩う。
　わが主よ　今宵も　側方《かたえ》にまして、
　淋しきこの身を　はぐくみ給え。

二　したしき友みな　先立ちゆきて、
　小暗きうき世に　われのみ残る。
　わが主よ　今宵も　側方《かたえ》にまして、
　淋しきこの身を　はぐくみ給え。

三　人生《いのち》の夕影の　移ろいゆけば、
　いこいの宿りも　近くやあるらん。
　わが主よ　今宵も　側方《かたえ》にまして、

さむいなあ　さむいなあ　チュンチュンチュン

四　淋しきこの身を　はぐくみ給え。
み旨によりつつ　眠らせたまえ、
常世《とこよ》のひかりに　目覚むる日まで。
わが主よ　今宵も　側方《かたえ》にまして、
淋しきこの身を　はぐくみ給え。

〔讃美歌三五九〕

今日まで九十年間、人生という山路を歩き、若い時は友人や知人たちと楽しく語り、歌い、食事をし、ときには諍《いさか》い、いくつかの嶺を越えてきました。しかし、近年、多くの親しき人たちが天上に逝き、山路をひとり寂しく（あの嶺まで行けるかなあ。いや行こう）と自分を励まし辿《たど》ることが多い日々です。こんなときに、「わたしは、すでに自身を犠牲としてささげている。わたしが世を去るべき時はきた。わたしは戦いをりっぱに戦いぬき、走るべき行程を走りつくし、信仰を守りとおした」というパウロの忠実な弟子テモテに送った言葉が心身を貫きます〔テモテへの第二の手紙四章六〜七節〕。その中で、（あとわずかな人生の僕、パウロのような信仰をもち、パウロのように語ることができるやろうか。できへんなあ。こんな僕でもイエスさまは自分のそばに憩《いこ》いの宿を用意し、ゆっくりと眠らせてくださるのやろうか。こんなことを考えることすら虫が良すぎるんやないかなあ）と心配しています。そして、「わが主よ　今宵も　側方《かたえ》にまして」とこの讃美歌を歌うたびに、（イエスさま。パウロさん。僕はどうしたらよいのやろう）と尋ねています。

でも、今まで一度も返事はかえってきません。尋ねても、尋ねても聞こえてきません。

いつの日か返事のかえってくるのを待ち望む毎日です。

## 神さまの子として生きる

三月二十五日は私の誕生日で、九十歳になります。今までは「九十歳近くになると」という曖昧な言葉の表現をしてきました。しかし、これからは正真正銘、ほんまの九十歳。胸を張って「僕は九十歳」と言えるようになります。

誕生とは、辞書には「人生の生まれること」と記してあり、人間として生まれた悦びを記念して、祝うのが誕生日です。聖書によると「誕生」とは、ヨハネの第一の手紙が「わたしたちが神の子と呼ばれるためには、どんなに大きな愛を父から賜わったことか、よく考えてみなさい。わたしたちは、すでに神の子なのである」〔三章一節〕と教えているように、神さまの愛によって、「神の子」として生まれることです。そして、誕生日は、ともすると誕生の意味を忘れがちになる自分に、神さまの愛から「神さまの子」として生まれたことを再び、新たに確認して、新しい気持ちになって歩みはじめる、けじめの日なのです。

九十歳の誕生日は、（この九十年間はどのように生きてきたのか。そして、これからの僅かな人生をどのように生きるのか）を真剣に考える日にしたいと自分に言い聞かせている私です。ちなみに、三月の誕生石はアクアマリン・ブランドストーン（緑柱石のうちスカイブルーの色で透明なもの）という宝石です。

さて、九十歳を迎え、身体の急激な変化に戸惑いを感じて、少し落ち着きを失っています。今から十年前、八十歳の誕生日には今までの仕事から身を引き、あちらこちらと旅をし、自然の美しさに包まれたり、また、博物館、美術館を訪ねて歴史的、芸術的な深さに心打たれたりして、（こんなに豊かなものにたくさん出会え、歳をとるということは楽しいなあ）と身も心も軽やかでした。

## 聖書と自己欲の繰り返し

九十歳近くなり、身体が思うように動きにくくなり、

タンタンタンタンたんじょう日

何をするにも一呼吸おかなければいけなくなりました。朝に目を覚まし（起きよう）と思うのですが、身体が動きません。（シンドイなあ。今日はこのまま寝ていよう）と布団を被って、十分も二十分もグズグズしているのですが、（こんなことしていたら寝たきり人間になってしまう）と必死で、ベッドから起き上がります。

身体のあちこちが痛み、なんとなく疲労感が抜けず、ときにはそれが強くなってきて、（老化が始まり、弱さが出てきたんやなあ。生きるってほんまにつらいことや）とフト思い、慌てて（そんなこと思わんときなあ。こうしてつらくても生きているのは、神さまが生命《いのち》を与えてくださっているからや。それを疎《おろそ》かに扱ったらあかへんわ）と、その怠惰な心を打ち消す自分がそこにいることに気づきます。そして、（シンドクても辛抱して、「老化になんか負けへんで」と頑張ったり強がったりしないで　その弱さの中に自分を置いて、これからの人生を歩んでいかんとあかんのやないかなあ）と心を立て直すのです。イエスさまが「わたしの力は弱いところに完全にあらわれる」と言っておられるように、私たちが弱さを持つことは、神さまに近づく道が開かれたことです。そう思うと、何かホッとするのです。

しかし、しばらくするとまた、生きるシンドさに耐えかね、他者に怒りや恨みを持ったり、自己欲に左右されたりして、聖書がどこかへ行ってしまいます。そして、何かの機会にハッと気づき、(聖書に帰らんとあかん)と心に鞭を打っているこのごろです。

この十年、「聖書」と「自己欲」の繰り返し人生を旅してきた私です。その中で(聖書に従って)と思うのですが、なかなか歩めない私は、誕生日が来ると、(キリスト者としてしっかりとしいや)と内省ばかりしてきました。

## 自分にはわからない道

心に響いてくる讃美歌が幾つもあって、(何にしようか)と迷いつつ、「わが行《ゆ》くみち」を選びました。

一　わが行くみち　いついかに
　なるべきかは　つゆ知らねど、
　主はみこころ　なしたまわん。
　そなえたもう　主のみちを
　ふみてゆかん　ひとすじに。

三　あらうみをも　うちひらき、
すなはらにも　マナをふらせ、
主はみこころ　なしたまわん。
そなえたもう　主のみちを
ふみてゆかん　ひとすじに。〔讃美歌四九四〕

知的な障がいのあるひろしくんは、いつもニコニコしていて、笑顔が素敵な男の子です。そばにいてくれると、心が明るく開けてきます。

そのひろしくんが語りかけてきました。

「僕、神さまとお話しできるんや」

「ほんまか」

と、私から思わず疑いの言葉が口から出たのですが、嬉しそうに、

「ほんまや、神さまなあ〝ひろしくんはいい子やなあ〟と、いつもほめてくれはるねん」

とひろしくん。その彼に、(神さまはひろしくんの持つ知的な障がいを大切にされながら、その他いろいろな良きものを彼に与えたはるんやろうなあ。この笑顔もその一つやで)と、ひろしくんのニコニコ笑顔が持つ中身に心打たれました。

さて、この「わが行くみち」を口遊《くちずさ》むと、ひろしくんの笑顔が浮かびます。そして、(僕の老化の人生はこれからどうなるかわからへんけど、神さまが御心のままに途《みち》を開いてくださるんやから、それに任せたらよいのやなあ)と暗い悩みがだんだんと晴れて、未来への恐れが不思議に薄れていきます。

子どもの時から今日まで、どれだけ讃美歌をうたってきたでしょうか。その一つ一つに不思議な力を感じながら。

神さまをたたえるだけでなく、神さまをそばに感じ、神さまと対話をしながら、重い自分が軽くさせられていく、それが讃美歌なのです。

## 華やかに　爽やかに

春です。身体中が固くなる寒い冬が去り、温もりの春が顔を出しました。小鳥の鳴く音《ね》も、冬のように縮こまらないで、天の恵み、地の栄えを寿《ことほ》ぐかのように爽やかに聞こえてきます。

花、はな、ハナで地上が華やかに彩られて、心がウキウキとしてきます。そして、

春が来た　春が来た　どこに来た
山に来た　里に来た　野にも来た

と、子どもの時によくうたっていた、春を待ちわびる思いが伝わってくる童謡が浮かんできます〔作詞・高野辰之、作曲・岡野貞一〕。

私は冬が来ると、悪いのですが、(早く去ってほしいなあ)と毎日思っています。冬も

私たちにとって大切な季節だということはわかります。私の住む近江には琵琶湖があります。冬になると、酸素を多く含む表面の水が冷やされて、重くなって沈み、湖底の水と混ざり合って酸素が行きわたります。この琵琶湖の深呼吸を「全層循環」といいます。もし冬がなく、雪が降らなくて冷たい水が琵琶湖に流れ込まず、「全層循環」が起きなければ、湖底は無酸素状態になり、そこに生息しているエビや小魚が死んでしまいます。このように、冬も生き物の生命《いのち》を守る大切な季節なのです。でも、このことがよくわかっていても、やはり冬は苦手で、冬の間は何となく気持ちがスッキリとしません。

さて、一年で春と秋ほど自然の豊かさを感じさせる季節はありません。春は自然の盛り、始まりを、秋は寂しさ、終わりを感じさせ、一年にけじめをつけてくれています。毎日が暑く、季節というけじめのない常夏の国を長く旅していると、だんだん生活のしまりが欠けてきて、心の変化が乏しくなります。この中で春夏秋冬と、きっちりしたけじめを持つ日本に住んで、（この国を大切にせんとあかんなあ）と、日本を見直しています。

## 消えてしまった桜の木

さて、十数年前、家から自動車で一時間ほどのところにある川へ魚釣りに行きました。

ちょうど、川の土手に立つ二十数本の桜の木が満開、魚を釣っていると、風がスーッと流れるたびに桜の花びらが一枚一枚、ヒラヒラと川の面に浮かび、その静かな風情に魚釣りも忘れ、見とれてしまいました。

先日、フトそのことを想い出し、桜の川へ魚釣りに行くことにしました。自動車が川に着き、愕然。土手が護岸工事をされていて、石とセメントで固められ、桜の木が切られて一本も残っていなかったのです。前は明るかった風景が、暗く、冷たく目の前に広がっていました。

桜の木が一本切られると、春が一つなくなっていく、また、切られる、春がなくなる。そう思うと、耐えられなくなって、（人間って恐ろしい存在や、自分たちに都合の悪いものは、何でも滅ぼしてしまう。ほんまにこれで良いんやろうか）と怒りに似た感情が湧き上がってきて、抑えることができませんでした。その日は魚釣りをする気も起きず、帰って来たのですが、夜になっても寂しさを振り払うことができず、心重い一日でした。

今、人間は自然を思うがままに動かしていますが、自然たちはじっと我慢してくれています。しかし、いつまで辛抱してくれるのでしょうか。おそらく限界が来て爆発する日が来るのではないかと思えてなりません。その日がいつなのか、私にはわかりませんが、このごろの毎日、毎日の社会の動きを見ていると、一日一日と近づいてきているような気がします。

今、私たちは、地球の生命《いのち》ある総《すべ》てのものが（人間って温かいなあ。恐ろしくないなあ）と思ってくれるような歩みをしなければいけない時が来ているようです。

春の温もりの中で、もう一度人間のあり方を考えていると、じんわりとした反省が湧いてきました。

## 可愛さのうちに

可愛い、子どもの讃美歌を選びました。

一　あかいはな　あおいはな　きいろいはな
　　いろんなはなが　聞いてます　神さまのおこえを

二　あかいとり　あおいとり　きいろいとり
　　いろんなとりが　うたってます　かみさまのめぐみを　〔こどもさんびか九二〕

この歌を小声でうたいながら、（神さまの御声を聞いてるんやなあ）と書斎の窓を開け、庭の花に目をやりました。

神さまが「赤い花さん、皆を元気にしてくださいね」、「青い花さん、皆が静かに考える時を創ってやってくださいね」、「黄《きい》の花さん、皆が自分のことだけでなく、人のことも思いやる愛を育ててやってくださいね」と花に語り、「ハイ、ハイ、わかりました」と、花が花びらを大きく開けて、ニコニコと答えているのが聞こえてくるようでした。(こんな楽しい会話を神さまと花がしているんやなあ)といろいろな想像の中で時が過ぎていきました。

書斎に座り、静かに耳を澄ましていると、山・川・風・木・草、あらゆる自然の音《ね》が、囁《ささや》きになって聞こえてきます。そして、それが地上に溢れているのが春なのです。

「囁き」には聞こえるものと聞こえないものがあります。聞こえなくても、確かにその囁きは存在しています。神さまの御声は聞こえませんが、でも、柔らかく私たちを包んでくれていることを感じることがあります。

華さん　鳥さん　こんにちは

子どもさんびかは可愛らしさのうちに、見えないもの、聞こえないものが満ちていて、
それが囁きとなって子どもの心に静かに入り、それからの人生に生きる糧になります。
子どもさんびかは、人生の創造です
子どもさんびかは、愛の結晶です。
子どもさんびかは、真の囁きです。

## 「協」というサイン

今、原稿を書いている机の上に、粗末な本立てが置いてあり、十冊ほどの聖書や讃美歌、それに関係する書物が並んでいます。その中で一番立派なのは、近江兄弟社（株式会社）で三十数年間働き、百六歳で天上に召された父親の、大きく分厚い皮表紙の旧約と新約がまとまった聖書と、讃美歌です。表紙には、「贈、福井鐘曛殿、二十五年勤續記念、一九六〇年二月二日、近江兄弟社」と記してあります。

先日送られてきた『湖畔の声』二月号の「近況ろく」に、「二月二日（水）第一一七回近江兄弟社創立記念式を挙行しました」と報告があり、そのとき、八名の兄弟姉妹の方が写真とともに、二十五年勤続表彰を受けられたことが書かれていました。それを見ながら、（六十二年前に父親が受けた表彰が今も続いているんやなあ。さすが近江兄弟社や。やっぱし表紙に名前がついた立派な聖書、讃美歌が贈られているのかなあ）と、熱いものが心の中から湧き出てくる時でした。

さて、もう一冊は「敬老の日」に、中学生だった私の三男が祖父母に贈った中型の新約聖書です。

「おじいちゃん、おばあちゃん、敬老の日に何をおくろうかとまよったのですが、町をブラブラしながら聖書に決めました。家のテレビの下にでもおいて、毎日読んでください。おじいちゃん、おばあちゃんも、くれぐれも身体に気をつけてください」という、三男らしい手紙が聖書にはさまっています。そして、その聖書の表紙裏に「有り難う嬉しい事この上もないよ。これは私の宝ものです。一九八五年（昭和六十年）九月十五日、敬老の日」と父親の喜びが書かれています。

三男は今、沖縄の広告代理店に勤めていますが、（彼にも、こんな子どもの時代があったんやなあ）と感無量です。

## メレル先生のサイン

もう一冊は、弟から「メレル先生（旧姓ヴォーリズ）から直接サインをしてもらった受洗記念の聖書なので、預かってほしい」と頼まれた古い新約聖書です。表紙の裏一頁にメレル先生の大きな字で「〝協〟一九五六年二月二十日 一柳米来留⊙」とサインが記されています。よほど弟の受洗が嬉しかったのか、その文字がおどるように書かれています。その横の頁には「死にいたるまで、誠実なれ」という浦谷道三先生、父親と私のサインもありました。

　聖書を開けると、メレル先生がサインをしておられて、それを弟が立って見ている写真が挟んであります。

　そのほかは、私が子どもの時から使っていた聖書、同志社大学卒業記念にもらった聖書等、いろいろな聖書が机の上に並んでいます。

　さて、ここで聖書のことを少し書いてみます。

　聖書六十六巻は、旧約三十九巻、新約二十七巻の二つに分かれていて、信仰と生活の規範として、神さまの御言が示されています。

　旧約はイエスさま誕生以前のイスラエル民族と神の関係。神は天地創造主であり、人類がその神の意志に従って生きるとき、祝福があるという約束、契約等がヘブル語（一部アラム語）で書かれています。新約は、イエスさま誕生以後の出来事がギリシア語で書かれています。その内容は、約束に従わない人間の罪への神さまの怒りを、イエスさまが十字架の死によって贖い、和解という救いの途を開いてくださった深い愛が述べられているというものです。そして、イエスさまの御言、弟子たちの手紙もここに収まっています。

机の上に並んだこうした聖書を見ていると、懐かしい想い出が湧き上がってきて、心が何となく落ち着きます。この聖書は私の心の古里なのです。

あたえたまえ　わが身に

一　主よ、いのちの　ことばを
あたえたまえ、わが身に。
われはもとむ、ひたすら
主よりたもう　みかてを。

二　ガリラヤにて　みかてを
わけたまいし　わが主よ、
いまも、活ける　ことばを
あたえたまえ　ゆたかに。

〔讃美歌一八七〕

これは、「聖書」というタイトルがついている讃美歌です。

湖岸に座して

私は、心が不安定を覚えたときなど、近くにある琵琶湖に行き、砂浜に立って静かに漂うさざ波をジッと見たり、通り過ぎる小舟を目で追ったり、波に洗われている魞《えり》（琵琶湖特有の竹囲いで作った魚を捕る仕掛け）に見入ったりして、時を過ごすことがよくあります。対岸の山に沈んでいく太陽、その日没の風景の美しさ、冬に白い雪をかぶった山々が、夕日で焼けていく自然の雄大さは、なんと表現したらよいのでしょうか。湖の変化に囲まれていると、いつのまにか心が静かになり、落ち着いてくるのです。

その中で、この讃美歌を小声で歌いながら、（イエスさまも疲れ、悩まはったときなど、生涯の大部分を過ごされたガリラヤ地方（中近東）、そこにあるガリラヤ湖に座して、今、僕の目の前にあるような美しい自然に包まれ、癒しを得たはったんやないかなあ）とイエスさまの姿を目の前に浮かべ、自分がイエスさまに近づいているような気持ちになっていくのです。そんな私を、イエスさまは微笑みながら黙って見ていてくださるのではないのでしょうか。

私にとって讃美歌は、その言葉、その曲のどれをとっても、一つ一つが祈りと信仰を深める力になっています。聖書を読み、讃美歌を歌う、この二つは切り離すことができず、一つになって、イエスさまの愛が私たちに伝わってきます。聖書の御言を支え、伝える。それが讃美歌です。

# 光り輝く日を待ち望みつつ

これまで二十歳から成人でしたが、民法によってそれが十八歳となりました。いろいろなことがあると思いますが、新たな門出を迎えた方々を心から祝福いたします。

すでに四月から生活に必要な物価が値上がり社会はざわめいていますが、この三年は厳しいことの多い毎日でした。その主体が「新型コロナ」で、ずいぶん心身共に痛めつけられ、たくさんの生命《いのち》がおかされました。

そのようなとき、ロシアのプーチン大統領がウクライナに戦争を仕掛け、病院や学校、集会所などに無差別にミサイルを打ち込み、無力で無防備な子どもや市民の無数の生命《いのち》が亡くなりました。この酷い行動に、あちこちから批判の声があがり、私も怒りを持ちますが、しかし、これが戦争なのです。

日米中の戦争の時も、中国の各地や沖縄等で無差別攻撃がなされ、多くの子どもや市民の生命《いのち》が散り、ドイツのヒトラーは自分の信念で、数限りないユダヤ人を殺害しました。

このように戦争は相手の生命をたくさん奪ったほうが「勝利者」、奪われ悲しんだ側が「敗北者」と言われます。そして勝利を収めたほうは、「天に代わり不義を打った」と正義の実行者として称賛されます。少数の人を殺せば、法で裁かれ、刑務所に送られますが、戦争でたくさんの人を殺すと、勲章がもらえ、英雄としてお祝いまでしてもらえるのです。ここに戦争の恐ろしさがあり、何があっても、これをしてはならないものです。

プーチン大統領は、(自分の行動や考えは絶対に正しい)と強い正義感に立っていて、簡単に戦争をやめることはないでしょう。けれども、改めなければならぬことを改めない人間は非情で傲慢になり、堕落してしまいます。戦争ってほんまに恐ろしいものです。

## 大いなるものは愛

さて、聖書で「神の正義」が語られるとき、厳しい正義の後には必ず、優しい許しを持つ愛が存在しています。

「いつまでも存続するものは、信仰と希望と愛と、この三つである。このうちで最も大いなるものは、愛である」〔コリント人への第一の手紙一三章一三節〕とイエスさまの弟子パウロは語っていますが、正義が単独で平和は生まれません。平和とは正義と愛が一つになったものなのです。「最も大いなるものは、愛」と語る聖書は、正義中心の戦争を肯定しないのです。イエスさまは、「あなたの剣をもとの所におさめなさい。剣をとる者はみな、剣で滅びる」〔マタイによる福音書二六章五二節〕と言っておられますが、聖書を読んでいると、イエスさまの隣人愛の温かさに心打たれ、戦争に対するイエスさまの否定が深く感じられます。

プーチン大統領はロシア正教会のキリスト者なのでしょう。(その彼がウクライナで流されている子どもや市民たちの悲しみの涙、その一滴一滴を、イエスさまが流したはる涙と受けとめて、キリスト者として愛の信仰を取り戻してほしいなあ)と祈り続けている私です。

さて、重い文章になったので、明るい話題に変えることにします。

今年、春の選抜高校野球で滋賀・京都地方の代表に選ばれた京都国際高校の選手が新型コロナに罹り、大会を辞退。代わりに私の隣町にある近江高校が出場することになりました。私は(大会二日前に決まり、練習も十分できへんので、一回戦で敗退かなあ)と思っていました。それがどうしたことか、さよならホームランや延長戦での得点と、テレビを見ている私たちをワクワク、ドキドキさせ、あれよあれよと思っている間に、決勝にまで勝ち上がりました。

スポーツは良いものですね。皆を活き活き明るくしてくれます。生命をおかす戦いはしてはほしくありませんが、皆を明るくする戦い、スポーツはドンドンしてほしいものです。

## イエスさまが共に

次のものは、若い時にいろいろな集会でよく歌った讃美歌です。

一　きけや愛の言葉を、もろ国人《くにびと》らの
罪とがをのぞく主の御言葉を、主のみことばを。
やがて時は来たらん、神のみ光の
普《あまね》く世をてらす　あしたは来たらん。

三　うたえ声を合わせて　あめつちと共に、

お空にお花がいっぱいや

よろこびにみつる　さかえの歌を、さかえのうたを。
やがて時は来たらん、神のみ光の
普《あまね》く世をてらす　あしたは来たらん。　〔讃美歌四五三〕

このごろ、（戦争は永遠になくならへんものやろうか。人間って戦争が好きで、やめることができへんのかなあ）と、諦めの心境が湧いてきます。悲しいことです。

その私にこの讃美歌の温もりのある詩や曲は、

「心や耳を閉ざしている人たちに、〝イエスさまの愛の御言葉を聞いてください。戦争をやめましょう〟と諦めず、歌い、語り続けましょう。神の光が地球を覆い、平和に包まれる日がやがて来ます。きっと来ます。それは明日かもわかりませんよ」

と、（諦めたらあかんのや。イエスさまがついていてくれたはる）と力強い励ましを与えてくれます。

教会の礼拝や集会で讃美歌を歌うと、（僕ひとりやあらへんのや。皆が助け、支え合っているんや）とそこに集まっている皆の気持ちが一つになっていくのを感じます。そんなとき、（イエスさまが、讃美歌を歌っている私たちの真ん中に立っていて、見えへんし、聞こえへんけど、共に歌っていてくださるからやなあ）と喜びとともに、私の歌う声が元気になっていきます。

讃美歌は、イエスさまが私たちのそばで共に歌い、心弱くなる者を「大丈夫、大丈夫、明るい光が輝いているよ」と守っていてくださることを教えてくれるものです。イエスさま抜きの讃美歌はないのですね。

喜びに満ちた、栄えの歌をいつまでも歌い続けます。

# 必死に生きる

十数年、愛用してきた自動車を手放しました。連れ合いの光子さんから、心配して「歳をとり、危ないから運転をやめてください」と何度も言われ、私が九十歳を超えてからは「絶対に運転させない」と厳しい言葉に変わりました。私には、（まだ目も見え、耳も聞こえるし、運動神経もしっかりして大丈夫や）という内の囁《ささや》きがありました。しかし、（この自信が事故を起こす原因になるのかなあ。それに、これ以上、彼女に心配をかけるのもようないなあ）と、自動車と「さようなら」をすることにしました。自動車と別れると、名残惜しいというよりも、さっぱりとした気持ちになって、あっけらかんとしています。

さて、足代わりの自動車がなくなって、外出が不自由になりました。そこで車椅子を買うことにしました。カタログを取り寄せ、調べると、どれも高価（買えへんなあ）と迷っている私を見て、子どもたちがパソコンで調べてくれ、価格が半額になるのがわかりました。（これなら何とかなるわ）とホッとしました。

ピカピカの新しい車椅子が届きました。狭い所でも小回りがきき、使いやすく、あまり力を出さなくても簡単に動きます。車体も軽く、力が弱くなってきた私でも楽々と運べます。道路を車椅子で走りながら、(機械もドンドンと進歩し、過去よりも便利になったなあ)と社会の変化を身にしみて感じた時でした。

その中で、(パソコンを使えば価格が安くなる。今はほんまに不思議な時代やなあ。僕のような時代遅れの人間は、ずいぶん損をする生き方をさせられているなあ)と、何となく寂しさを感じてしまいました。これからはもっと深い寂しさがせまってくるのでしょうね。

## 生きる余裕がなくなる

さて、老化で弱さが進み、生きにくくなっていく現代社会の中で、(今日まで生きてきた九十年間。今ほど一生懸命、いや、必死に生きている時はあらへんたなあ)とフト思い、シンとしてしまうことがあります。このごろ、若い時のように考えたことがすぐに行動に移せず、身体が思うように動かなくなりました。このようなとき、(こんなことではあかん)と身体を動かすのに必死になります。

朝、目を覚ますと、なんとなくシンドクて、布団の中で半時ばかりグズグズとしながら、(早く起きんと寝たきりになってしまうなあ)と思い、必死にベッドから起き上がります。朝起きるのも必死です。食事も食欲があまりなく、若い時のようにオイシク食べるというよりも、「健康」という文字が頭をよぎり、(食べんと身体に悪い)と、生きるために必死に食べています。人生、あとわずかになると、一日一日が貴重になり、若い時のように(大丈夫、まだ時間がある)と考える余裕がなくなるからだと思います。

夜、ベッドに入ると(今日も必死に生きたなあ。明日、目を覚ましたらどうなるんやろう。やっぱし、必死に生きんならんやろうなあ)とブツブツと言って寝ついています。

歳をとるということは、必死に生きるということなのですね。

イエスさまの弟子パウロの、「生きるにしても死ぬにしても、わたしたちは主のものなのである」〔ローマ人への手紙一四章八節〕という純粋な信仰が私の心を打ちます。とすれば、必死に生きるということも、イエスさまが私に与えてくださった「生きるエネルギー」と感謝して受けとめるべきなのです。ときどき、必死に生きることが苦痛になることがあります。そのようなとき、このパウロの言葉、「わたしたちは主のものなのである」を何度も口遊《くちずさ》みながら耐えています。

やはり、感謝と喜びは大切です。

## 小さい口や耳から

（今生きているこの一日を、イエスさまのみ心を行う日にしたいなあ）と子どもの時、日曜学校で聖書を読んだり、讃美歌を歌ったり、先生の話を聞いたりして、よく思いました。今もフトそのことが浮かび、優しい気持ちになるのですが、この気持ちがいつまでも続くわけではなくて、あっちへ行ったり、こっちへ来たりして、なかなかうまくいかないのが人生です。

これは、日曜学校で皆と大きな声で歌った子ども讃美歌です。

一　けさもわたしの　ちいさいくちよ
神のめぐみをほめたたえよ
神さま　きょうも　み心を
おこなう日に　してください

二　けさもわたしの　ちいさいみみよ
神のことばに　ききしたがえ

神さま　きょうも　み心を
おこなう日に　してください〔こどもさんびか四〕

「神さまのみ心」とは、自分を無にして我を捨て、他者を幸福にする「愛」です。自分を大切にして他者のことを考える「愛情」は、だれにでも持つことができますが、「愛」を持つことは難しいことです。イエスさま以外、特別な人にしか持てないものかもわかりません。だからこそ愛は貴重なもの、ないものねだりだと思いますが、持ちたいのです。

この子ども讃美歌は、うたう子どもたちに（今日一日は、優しい、温かい愛を行う日にしてください）と問いかけています。そして、この問いかけ主はイエスさまです。この讃美歌をうたっていると、歌詞は厳しくても、この作者の、子どもへの信頼、思いやりが、そして（イエスさまに一番近いのは子どもです）とい

夏空に花火が

う希望や、願いが波のように次から次へと伝わってきます。

九十歳を超えた私ですが、今でも子ども讃美歌は自分の身近にあって、必死に生きるシンドさを和らげてくれています。生きることを和らげてくれる子ども讃美歌がいつまでも消えないことを。

# 個性を持ち、ゆったりと

階段を上り下りして、足の衰えを防ごうと思い、私は書斎と寝室を二階にしています。寝室は窓が広く、晴れている日は一日太陽が入ります。朝、目を覚まし、カーテンを引くと、光が眩しく飛び込んできて、部屋が一瞬に暗《あん》から、明《めい》に変わります。窓を開けると、小さな庭が静かに目に入ってきて、光子さんが丹精をこめて育てた、紫・赤・白・黄の花が地面を彩り、その優雅さに、心が晴れ晴れとなってきます。花って人間の生活にとても必要なものですね。

その花の上をいろいろなちょうちょう（蝶々）が可愛く舞っています。モンシロちょう、黄ちょう、真黒や色とりどりのアゲハちょう、とても小さなシジミちょう、名も知らないちょうちょう、見ているだけで、時を忘れてしまいます。美しい花、可愛いちょうちょう、なんとなく優しい調和のとれた風景がそこに広がっています。

さて、ちょうちょうにも個性があって、羽をばたつかせながら、木や花の上を休まずに飛び回り、しばらくすると姿を消してしまうちょうちょう。花から花へと忙しそうに花の蜜を吸っているちょうちょう。花に長い間とまっていて、しばらくすると、飛び立つちょうちょう。木や花の陰に隠れてジッとしているちょうちょう。どのちょうちょうも自分をしっかりと持ち、ノビノビと自由に個性を発揮しています。

その個性的なちょうちょうのあり方に、フト、（僕はこのちょうちょうのように、自分という個性をはっきりと出し、ノビノビと人生を生きてきたんやろうか）と考えてしまいます。ともすると、（皆からどう思われているのかなあ）と他人の目が気になり、自分を抑える重い気持ちの日が多かったようで、ちょうちょうの個性的な生き方がうらやましく思えてきました。

ちょう ちょう ちょうちょう 楽しいかい

## おしっこをかける犬

しばらくして、花やちょうちょうから家の前の道路に目をやると、犬の散歩をさせている人が、何人か通り過ぎていきました。

窓から見える正面の十字路の片側に、子どもの飛び出し危険注意の「飛び出し人形」が立っています。この人形は滋賀県から始まったもので、あまり他県にはありません。ところで、「飛び出し人形」の前を通っていく犬のほとんどが、人形の支柱を嗅ぎ、おしっこをかけていきます。ときどき、この人形に目もくれない犬がいると、(変な犬やなあ) と思ってしまうほどです。

おしっこをかけている犬を見ていると、(今にあの人形の足元が腐って、倒れるんやないかなあ) と心配になってきます。しかし、犬たちは私の心配などは気にもせず、自分の身体のにおいを人形につけ、(ここに自分は生きているんや) と、他の犬に自分の存在を堂々と教えています。この犬たちの動きに、僕たちは人間同士の交わりで、人間のあり方を学ぶことが多いけれども、実は、動物や昆虫、木や花など、生命《いのち》を持っている多くのものからも、「人間とは」「人生とは」「生きるとは」等を、その意味や価値の深さを教えられ、それが生きるエネルギーになっているのです。

今日も何頭もちょうちょうが花の上を舞ってくれました。何匹もの犬が「飛び出し人形」におしっこをかけて行きました。その姿、どんな小さな動きにも、生きている意味があるのに気づき、(生命《いのち》って大切なものなんやなあ。その生命《いのち》をしっかりと守ることが「生きる」ということや)と教えられました。そして、今までボンヤリとしか感じてこなかった「生きる」というあり方がはっきりしてきました。

このごろ、私は(何歳になっても新しいことを学び、受け入れていく自分でありたい)と願う日々です。

## 宗教は単純なものです

ドイツ・ミサ曲という聖歌の中にある讃美歌第二編『聖なるかな』〔二三六〕を取り上げてみます。

一　聖なるかな、せいなるかな、
　せいなるかな、主なる神。

むかしいまし、いまもまし、
とわにいます主をたたえん。
二　聖なるかな、せいなるかな、
せいなるかな、主なる神。
主のさかえは世に満てり、
せいなるかな主なる神。

ドイツの荘厳な教会で、聖歌隊がこの曲を合唱するのを聞くことができれば、〈とわ〔永久〕に、今そこに神さまがいてくださる〉と胸が高鳴り、神さまの存在を実感することになると思います。

神さま、礼拝、ミサ曲の三つが一つになって教会は存在しています。どの一つも切り離すことはできません。この讃美歌は言葉や内容が単純で、とても歌いやすいのです。難しい讃美歌を歌っていると、私は、〈この讃美歌は歌うのに必死で、シンドクなってしまうわ。歌いやすいというのも讃美歌には必要やないかなあ〉と、歌いやすい讃美歌に出会うと、何かホッとします。

さて、宗教も讃美歌と同じで、〈神さまはほんまにいはるのかなあ〉と、考えれば考えるほどわからなく、複雑になり、しんどくなってしまいます。私は大学生のときに受洗し、卒寿を迎えるまで、幸・不幸、喜び、悲しみ、苦しみと、いろいろと明暗の場を歩いてきましたが、（神さまが信仰を与えて、守っていてくださるんやから、すべて神さまにお任せしたらよいのや）と、どんなときも単純な考え方をしてきました。そして、「ルーズな信仰や」と言われそうな、のんびりした信仰の場を生きてきました。私にとってキリスト教は複雑な宗教でなく、ありのままの生活そのものでした。

# 後退も前進です

四十度に迫る高温。外に出れば熱中症の心配と、体力がついていけず、毎日、グッタリとして家に閉じこもっています。

ある夕方、涼しい風が吹いているのに気づき、思い切って光子さんに車椅子を押してもらい、近くの小さな川まで散歩することにしました。この川は水が澄み、流れがあって、小魚がよく見え、水鳥のバン・カイツブリ・カワウ・サギ・カモがよくやって来て、餌を啄《ついば》んでいます。夕方になると、無数の小魚が水面から飛び上がり、その光景は壮観です。

バンが首を小さく前後に振って泳ぐ姿に、思わず「可愛いなあ」という声が口から出てきます。カイツブリは滋賀の県鳥で、水の中に長い間潜っていて、その時間をはかりながら、（どこに頭を出すかなあ）と探すのも一興です。カモが、小さな子ガモをあとに引きつれ、水面に堂々と列をなしています。

小さな川ですが、水鳥や小魚、いつまで見ていても楽しく、飽きることがありません。

この日、川に着くと、川の土手の向こう側は田畑が広がっているのですが、そこに、今まで見たことのない中型の鳥が三羽、ゆっくりと餌を啄んでいました。

「あれコウノトリと違う」

と光子さん。

「コウノトリやったら、もう少し大きくて、白い色をしているんやろう」

と私。二人でああやない、こうやないと話をしていたのですが、何の鳥かわからず、近くの畑で草刈りをしていた男の人に、光子さんが尋ねました。

「あの鳥は何という名ですか」

「あの三羽はゴイサギや。このごろ、あそこによく姿を現すわ。」

（あれがゴイサギか）と鳥の名前がわかり、私たちは嬉しくなって、しばらくそこで時を過ごしました。

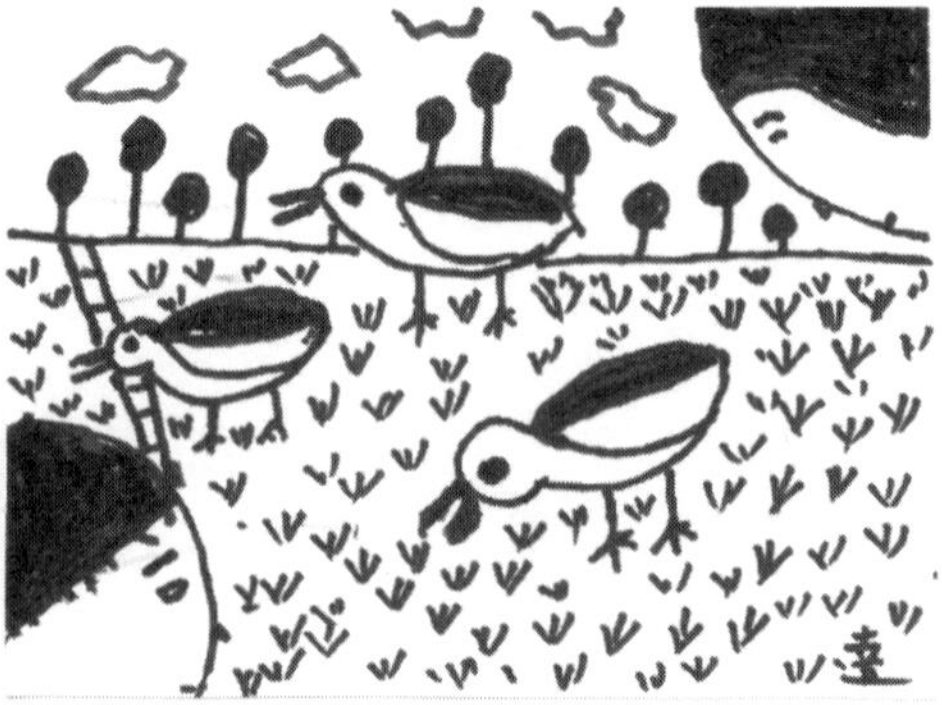

仲良しやなあ　ゴイサギさん

## 神の国に住む鳥

その男性の話によると、この辺りには、コサギ・ダイサギ・アオサギ・ゴイサギの四種類のサギ（鷺）がいるとのことでした。

家に帰り、光子さんが携帯電話でゴイサギのことを調べると、次のような話が紹介されていました。

醍醐天皇（六十代の天皇。在位AD八九七～九三〇年と三十三年間、平安時代で一番長く在位した天皇）が、池にいるサギを見つけ捕らえるように命じました。サギは騒がず、逃げず、天皇の命令に従って、静かに捕まりました。その姿に感心した天皇は、五位《ごい》の位《くらい》をそのサギに授け、「ゴイサギ」と呼ぶようになったのだそうです。

聖書を読むと、イエスさまは何度か鳥の話を説教の中でしておられます。

「空の鳥を見るがよい。まくことも、刈ることもせず、倉に取りいれることもしない。それだのに、あなたがたの天の父は彼らを養っていて下さる」（マタイによる福音書六章二六節）。

「神の国は何に似ているか。またそれを何にたとえようか。一粒のからし種のようなものである。ある人がそれを取って庭にまくと、育って木となり、空の鳥もその枝に宿るようになる」〔ルカによる福音書一三章一八～一九節〕。

この二つの御言が示すように、鳥は木の枝、すなわち「神の国」に住み、私たちと同じように、イエスさまに守られているのです。私たちと鳥の密接な関係は、両者がイエスさまの愛の中で生活をしているからなのです。

さて、車椅子生活を始めたころ、総《すべ》てが退化したように感じ、ショックで、少し落ち込みました。しかし車椅子に乗ってから、周囲をゆっくりと見ることができ、今まで見えなかったもの、気づかなかったものが目に入ってきて、視野が広がったことを思います。車椅子生活もけっこう楽しく、（押す人は大変ですが）退化したと思ったことが、実は進歩であり、人生の前進でした。「退化は前進」これも真理なのですね。

## 小さくても

一　ことりたちは　小さくても
　　おまもりなさる　神さま

二　わたしたちは　小さくても

おめぐみなさる　神さま
三　わるいことは　小さくても
おきらいなさる　神さま
四　うたのこえは　小さくても
よろこびなさる　神さま　〔こどもさんびか一〇〕

この子ども讃美歌は前にも取り上げたことがありましたが、（小鳥の歌は）と思うと、やはり一番にこの歌が頭に浮かんできます。私は今の家に住む前は、山の近くの家に住んでいて、一日、鳥の声に包まれていました。

朝、目を覚まし、窓を開けると、あちらこちらから鳥のさえずりが聞こえてきます。その中で数回、深呼吸をすると、心が落ち着きます。

昼、知っている鳥の鳴き声が耳に入ってきます。（うぐいすや）（ほととぎすや）とその鳥の名前を口遊《くちずさ》み、幸せ感を持ちます。

夜、鳥の鳴く音《ね》はなんとなく寂寞感に包まれ、心がシンと静かになります。

鳥の鳴く音《ね》が、時や場、その日の体調や心の動きで変化して聞こえるのも楽しみの一つでした。

さて、私は若い時、大きな目立つことを求めない人生を送ったかといえば、それは嘘になります。そして、人に認められて称賛されると満足し、高慢になっていました。今、「ことりたちは 小さくても」と口遊《くちずさ》みながら、（神さまはどんな小さなことも見逃さず、喜び、嫌い、恵みを与えて守っていてくださるのやなあ。そやから小さなことを無視しない人生は大切や。そこから謙虚さが生まれてくるんやなあ）と、過去の自分の歩みを捨て、これから歩む短い時に、（謙虚さを取り戻さなければ）と心に言い聞かせています。

小さくても神さまが守っていてくださる。喜びですね。

# 皆で分け合う

「こんな記事が載っていたよ」と、友人が『京都新聞』（二〇二二年八月二十九日号）と『毎日新聞』（二〇二二年八月三十一日号）を送ってくれました。それは「文豪ら肉筆一九五八通保存」というタイトルで、川端康成・司馬遼太郎・三島由紀夫・山崎豊子らの文章、日本点字図書館が点字化、録音許諾の返信肉筆ハガキを保存しているという記事でした。その中に灰谷健次郎さんのハガキがあって、毎日新聞には彼のハガキだけが写真入りで載っていました。

それを読むと、

「お手紙拝受。ご依頼の件、たしかに承知いたしました。ご苦労なお仕事に敬意を表します。重いものは、分けあって背おって欲しいという福井達雨さんのことばを折にふれ、かみしめています。旅行中で返事がおくれましたことおわびいたします。灰谷健次郎」と柔らかな筆致で綴っていました。両新聞とも、この文章が出てきて、（灰谷さんにはこの言葉が文章を書くとき、深い意味があったんやなあ）と感激しています。

重いものとは、生命《いのち》・人権・差別・地球・人間などのことです。

灰谷健次郎さん（一九三四〜二〇〇六年）は有名な児童文学者で、『兎の眼』『太陽の子』などたくさんの作品があり、皆さまもよく知っておられると思います。二〇〇六年十一月、食道癌でこの世を去りました。七十二歳でした。

このごろ、両親や大人たちからの子どもへの虐待や生命《いのち》がおかされるニュースを知るたび、（灰谷さんがもう少し長く生きて、文章を書いていてくれたら、子どもの生命《いのち》の大切さが広く行きわたり、子どもがもっと大切にされていたのではないかなあ。残念やなあ）とよく考えます。そして、日本の児童文学の作品が子どもの生命《いのち》の尊さを多くの人に伝えたことを思っています。

灰谷さんと初めて出会ったのは、私が四十歳になったころ、神戸市で講演をしたときのことです。彼が聴きに来てくれていて、講演後、一緒に食事をしました。あれから三十年余り、彼から子どものことをいろいろと教えられ、交わりを持ちました。楽しい想い出もたくさんあります。

## シンドイ中で学んだこと

さて、今から六十年前、「知能に障がいのある子どもたちの不幸は、彼らが多くの人から差別を受けているからや。この差別をなくさないかぎり、この子どもたちは幸せになれへん」と訴えました。しかし、「福井はアホなことを言って、おかしなことを始めよった」と笑いものにされ、私の語ることに耳を傾けてくれる人はほとんどいませんでした。仕方なく、私ひとりでこの子どもたちと共に歩むことになりました。

初めの間は、なんとか担いでいたのですが、だんだんと重さに押さえつけられ、しんどくなってきました。(この子どもたちと共に歩むのをやめようか)と何度思ったかわかりません。でも、この子どもたちの半数は行くところがありません。その子どもたちを捨てて逃げて行くわけにもいかず、(シンドイなあ)と思いつつ、そこにグズグズしていました。この子どもたちがいなかったら、やめていたかもしれません。止揚学園を退職するまでの五十年近く、この仕事を続けられたのは、この子どもたちが力になってくれたからです。この子どもたちにどれだけ支えられ、助けられたことでしょうか。感謝の思いが湧き上がってきます。

こんな体験の中で（重いものをひとりで担がないで、理解してくれる人たちと、このシンドさを分け合えたら、ずいぶんと楽になってくるなあ）と大切なことを学びました。シンドイ中で学んだこと、それは人生の中での宝物です。重いものを担ぐことは、人間が成長するためになくてはならないものなのです。

## 支えという栄えは

さて、讃美歌です。

一　いのちのたびじは　たそがれゆく、
　　山べにかたむく　日かげに似て。
二　十字架のうえより　主は御手もて、
　　つかれしわれらを　ささえたもう。
三　さかえはみ父に、み子、みたまに、
　　いまよりとわまで　たえずあれや。

〔讃美歌三四〕

重い生命《いのち》を担ぎ、人生を歩いていると、疲れが溜まってくるものです。その疲れている私たちをイエスさまは十字架の上から支えてくださっています。そして支えという栄えは、永久に続いていきます。

新約聖書コリント人への第一の手紙に、「主もまた、あなたがたを最後まで堅くささえて、わたしたちの主イエス・キリストの日に、責められるところのない者にして下さるであろう」〔一章八節〕とイエスさまの弟子パウロの言葉があります。「主イエス・キリストの日」に、私たちが皆から責められることのないように、堅く守っていてくださり、そして、今も支えてくださっているのです。

90 歳の誕生日　孫たちに囲まれて

　私が今日まで生きた九十年間、多くの人に支えられ、共に歩んできました。でも、つらいことですが、その支えてくれた人たちの裏切りに、とても苦しい思いをしたことが何度もありました。そんなとき、（イエスさまはどんな時でも私たちを堅く守り、裏切ることがない）、私たちが罪を犯しても、ご自分が十字架にかかって、その生命《いのち》を私たちに下さって、裏切られることはないのです。人間の支えと、イエスさまの支えとの大きな違いはここにあります。

でも、そのイエスさまに総《すべ》てを任せることのできない私。それは、人間の持つ、消えることのない罪ですね。主に総《すべ》てを任せる素直な信仰を持つ。このことが私の人生の課題です。

イエスさま、ゴメンナサイ。

# 解　説

止揚学園に灯火を灯し、それを受け継ぐ二人の文章は、異なる味わいを持ちながらも、「優しい思い出」によってつながっている。福井生さんが父・達雨さんを「感じたことを文章にして表現する才に恵まれていた」（九六頁）と評するのはまったくそのとおりであるが、同じ才に生さんも恵まれていることを、読者は本書を通じて感じられるに違いない。

二人の文章、二人の「知能に障がいのある仲間たちとの優しい思い出」を合わせ読むことによって、新たな発見があった。これは本書の醍醐味と言ってよいだろう。一つは、達雨さんの「厳しさ」が、生さんの文章を通じて「優しい思い出」の一部として、大きくとらえ直され、生涯を通じて示された達雨さんの「諦めない姿勢」（五頁）が、形を変えながらも生さんに引き継がれていることを感じ取ることができた点である。

生さんが「私が子どものころの父は厳しさを全身に醸し出し、たとえ親子の間柄であっても気楽に話せる相手ではありませんでした」（四頁）と語るほど、達雨さんの厳しさは筋金入りであった。私自身、学生時代に本人の話を直接聞いた者として、その厳しさと語りの熱量に圧倒されたことを思い起こさざるを得ない。当時、達雨さんに「泣かされた」話をよく耳にした。感動して泣いたのではない。「ぶつかり」（一七頁）が強すぎて、泣かされたのである。その達雨さんの最後の言葉「イエスさま、ゴメンナサイ」は実に味わい深い。人生において厳しい戦いをなし、ぶつかり合い、走り抜いた人は、イエスさまの大いなる「優しさ」に守られていた人でもあった。

二人の共著となる本書のもう一つの醍醐味は、「生命《いのち》」という言葉に連なる人や自然やこの世界の有り様を、二人の視点から、より多面的に味わうことができる点である。生さんは、これまでの著書の中でも、生命《いのち》について多く語ってこられた。たとえば、本書でも「知能に障がいのある仲間たちの生き方は、すべてのものに生命《いのち》を見いだす生き方です。すべての与えられた生命《いのち》に感謝し、共に歩もうとする生き方です」（四〇頁）と記されている。人間の生命《いのち》は言うまでもなく、動物や虫、さらにはモノにまで「生命《いのち》」を感じる、仲間たちとのエピソードが、これまでの著作の中で紹介されてきたが、生さんの「生命《いのち》」の語りの背景となっているもの、その奥行きを作り出しているものを、達雨さんの文章の中に見いだすことができた。それは「自然に対する父の観察力の鋭さ」（九六頁）、「自然を自分の一部として見る観察力」（九七頁）と生さんが呼んでいるものでもある。

本書に収められた最晩年の達雨さんの文章には、童謡、聖書、讃美歌、蜘蛛やちょうちょうのような小さな昆虫のふるまい、琵琶湖畔から眺める自然の雄大さについての語りが散りばめられている。「童謡は過去にあった想い出を今にかえしてくれたり、自分が追い求めているものをいろいろと今に作り、育ててくれたりします」（一二〇～一二一頁）とあるように、紹介されている一つひとつの童謡の歌詞を目にするたびに、読者も、それを歌った子どものころを思い出すに違いない。懐かしい過去に立ち返ることによって、人は自分自身が追い求めてきたものを再確認し、今の自分を作り上げているものが何なのかを考えることができる。達雨さんの自問自答を含む、ゆったりとした語りが、忙しさのあまり、身近な小さなものに目を注ぐことを忘れた私たちに寄り添い、問いを投げかけ、生さんが語る「時間と生命《いのち》が優しく溶け合う温かい場所」（六五頁）へといざなってくれているようである。

九十歳にして、この「瑞々しさ」に満ちた感性を保つことのできる秘訣はどこにあるのかと、読者は問うてもよいだろう。それは小さな「生命《いのち》」に心動かすことのできる少年のような心でもあるが、同時に「私はイエスさま抜きでは『瑞々しいもの』はもてない人間なのです」（一一三頁）という達雨さんの告白に大切な手がかりが示されている。本書では、聖書の言葉、讃美歌、子ども讃美歌が多数引用され、達雨さんの「心の古里」（一四三頁）

としてのキリスト教信仰があちこちににじみ出ている。私たちの信仰は「瑞々しさ」の源泉になっているだろうか、硬直したものになっていないだろうか、と達雨さんの文章を読みながら、自らに問いかけることもできるだろう。

止揚学園は六〇年という歴史を持っている。達雨さん・生さん父子が学んだ同志社大学は、その前身となる同志社英学校が一八七五年に設立されてから、二〇二五年で一五〇周年を迎えようとしている。その同志社が一〇〇周年の際に『同志社百年史』を刊行しているが、その中で写真付きで、以下のように若き達雨さんに言及している箇所がある。

「しかし同志社が誇る卒業生はわが国の監獄改良をはじめとする社会事業の先駆者だった留岡幸助、救世軍を通して社会事業に献身した山室軍平、水上隣保館を設立してあまたの孤児を養育した中村遥、知恵おくれの子たちの施設としての止揚学園を作って、日夜奮闘している福井達雨らである。彼らはすべてキリストの精神をうけつぎ、生涯をなげうって、恵まれない人たちのしもべとなって働いた、また働きつつある人たちである。」（『同志社百年史』通史編二、一五四九〜一五五〇頁）

親から子へと精神が受け継がれるだけではなく、この精神がより多くの人に理解され、受け継がれていくときに、「キリストの精神」の大きさ、優しさが、「目に見えないものは、永遠に続くのである」（三頁）という聖書の言葉と響き合うことになるだろう。この響き合いを大きなものにしていくために、また、この世にまだない、新しいものを生み出すためには、時にぶつかり合うことも必要となる。

「止揚とは二つのものがぶつかり合って、新しいものが生まれるということです」（一七頁）という、止揚学園の存在根拠とも言える説明がある。第一義的には「障がいがあるとされる者」と「障がいがないとされる者」の対比があるが、「止揚」の射程範囲は無限であることを、本書は、人、生き物、自然、すべての生命《いのち》を視野に入れて語っている。「止揚」が持つ思想的な広がりについて関心のある方は、福井生著『笑顔のうちにあるもの』（いのちのことば社）における、生さんと私との対談「『止揚なき時代』の『止揚学園』」をご覧いただきたい。

止揚学園が目指す社会は「すべての生命《いのち》を尊いものとし、守っていこうとする社会」（二五頁）である。本書が達雨さんと生さんの共著とされたことにより、私たち読者は、親の時代と子の時代の「止揚」の様を見る幸いを得ることができた。この「止揚」から「優しい思い出」が紡ぎ出され、読者はそこから照らし出された未来へと招かれているのである。

二〇二三年二月

同志社大学神学部教授　小原克博

# 優しい思い出は未来を照らす

2023年4月25日 発行

著　者　福井　生／福井達雨
印刷製本　日本ハイコム株式会社
発　行　いのちのことば社
〒164-0001 東京都中野区中野2-1-5
電話 03-5341-6922（編集）
03-5341-6920（営業）
FAX03-5341-6921
e-mail:support@wlpm.or.jp
http://www.wlpm.or.jp/


ISBN 978-4-264-04422-2

福井　生著

# 笑顔のうちにあるもの

知能に障がいのある仲間たちとの日々の生活の中で、言葉はなくても、その笑顔のうちにある祈り、希望の声を聴いていく。

後半には、「『止揚なき時代』の『止揚学園』」と題して、同志社大学神学部教授の小原克博氏との対談を収録。

●定価一二〇〇円＋税

福井　生　著

# あたたかい生命《いのち》と温《あたた》かいいのち

生命《いのち》は温かいもの。でも、一つだけだったら、いつか冷めてしまう。だから寄り添って、みんなの生命を温め合おう。

知能に障がいのある仲間たちといっしょに育ってきた歩みの中で教えられたこと、信じ、信じられることの尊さを綴る。

●定価一〇〇〇円＋税

福井達雨 著

# 優しい心はたからもの

知能に障がいのある人たちと一緒に歩むなかで教えられたこと、大事なこと。「物を大切にすることは生活を大切にすること、それが基盤になって優しい心が育つ。そして生命も心も豊かになるんや。」 知能に障がいのある人たちと一緒に歩むなかで教えられた数々のこと、目に見えない大事なことを語り伝える。

●定価一三〇〇円＋税

〈重刷の際、価格を改めることがあります。〉